REAKTION

Zentrum für Politische Schönheit

REAKTION

ZENTRUM FÜR POLITISCHE SCHÖNHEIT

PROLOG

von Antje Stahl

Anders als die sogenannte „Öffentlichkeit" vielleicht denken mag, spielen sich die Dramen im Journalismus ja nicht nur auf den Seiten einer Zeitung, das heißt im geschriebenen Wort, sondern auch im gesprochenen Wort, hinter den Kulissen, in den Konferenzräumen und Büros, ab. Da die meisten Journalistinnen jedoch vertraglich dazu verpflichtet sind, über interne Auseinandersetzungen zu schweigen – und man sein eigenes Nest ohnehin nicht beschmutzen möchte –, erfährt die „Öffentlichkeit" nur selten davon, wie wahnwitzig über das Zentrum für Politische Schönheit debattiert werden kann. In meiner Berufslaufbahn ist es jedenfalls schon vorgekommen, dass die Meinungen der Redakteurinnen über ein Mahnmal im Vorgarten eines Politikers oder Leichname, die von den EU-Außengrenzen in die deutsche Hauptstadt gebracht werden, so weit auseinandergingen, dass auf eine Berichterstattung lieber ganz verzichtet wurde, als den sogenannten „Hausfrieden" zu gefährden.

Im Feuilleton, und ganz besonders in der Kunstkritik, sind wir es selbstverständlich gewohnt, über Geschmäcker zu streiten. Es ist unsere Aufgabe, der *liaison dangereuse* zwischen Ästhetik und Politik auf den Grund zu gehen. Die Kunst- und Bildgeschichte lehrt uns zudem, dass es nicht wenige Gemälde gibt, hinter denen ein krimineller Auftraggeber steht oder in denen eine Botschaft versteckt ist, die einem Königshaus oder der, wie wir heute sagen würden, „Mehrheitsgesellschaft" den Mittelfinger entgegenstreckt. So lange dieses Gemälde an der Wand eines Museums hängt, stört es in der Regel auch niemanden, wenn sich eine Kritikerin zu seinem Sprachrohr macht, erst recht nicht, wenn ihre Texte auf den Kulturseiten einer Zeitung oder – noch besser – in einer Beilage oder einem Kunstmagazin erscheinen. Die Herausforderung des Zentrums für Politische Schönheit (oder vielleicht sollte ich lieber schreiben: sein größtes Talent) besteht nun aber wohl genau darin, diese Gemälde aus den Museen zu befreien, seine Figuren zum Leben zu erwecken – und somit auch die Grenzen der Ressorts einer Zeitung zu sprengen. Fragen wie: „Gehört das nun in den Politikteil? Oder ins Feuilleton?" mögen für Außenseiterinnen banal klingen. Im Hintergrund eines einigermaßen professionell aufgestellten Medienhauses können sie jedoch dafür sorgen, dass frau Stunden damit verbringen muss, E-Mails und Slack-Nachrichten zu schreiben und zwischen Stockwerken umherzuirren, um auch ja niemanden zu verärgern. Innen- und Außenpolitik, Entwicklungshilfe, Migration, EU-Türkei-Abkommen, Waffenindustrie, Rechtsextremismus – für jeden einzelnen Themenbereich, auf den es das Zentrum abgesehen hat, gibt es Expertinnen und manchmal sogar eine Blattlinie, das heißt, eine gewisse politische Ausrichtung, auf die sich Ressortleitung und Chefredaktion festlegen. Wer darf da die Meinungshoheit haben?

Solche Strukturen können den Medienerfolg des Zentrums für Politische Schönheit nicht erklären, das ist klar. Sie sorgen im Hintergrund aber für eine leicht fiebrige Stimmung, einen gewissen Buzz, der die Frequenz in Sachen Meinungsstärke, provokante Titelei und bedeutungsschwangere und nicht selten vollkommen abwegige Vergleiche erhöhen kann. In diesem Buch werden Sie jedenfalls eine ganze Reihe davon finden. Mein persönliches Highlight – „Ich finde, das ist ein Denken vom Ende der Leitung (end of the pipe) her" (S. 513) – stammt zwar nicht aus einer Zeitung, sondern von einem Amazon-Konto: „Nicht erst, wenn das Gift aus dem Rohr in den Fluss läuft, muss gehandelt werden, sondern schon dann, wenn das Gift entsteht". Aber die gut gemeinten Analogien und Metaphern finden ihren Weg bekanntlich auch gerne in eines der sogenannten „Massenmedien". Stöbern Sie durch die folgenden Seiten, Sie werden sehen.

Als ich mir eine frühe Fassung von „Reaktion" ansah, dachte ich zunächst an ein Coffee-Table-Book (für alle, die diesen Ausdruck nicht kennen: ein Coffee-Table-Book eignet sich hervorragend zum Anschauen auf der Toilette, aber selten zur bildungsfördernden Lektüre). Ich fand es einigermaßen befremdlich, dass geschriebene Zeilen von Kolleginnen ihrem flüchtigen Tages- oder Wochenzeitungs-Dasein entrissen und gewissermaßen ihrer Extremitäten, wenn nicht gar ihres gesamten Korpus entledigt werden. Vor und nach jeder Zeile gibt es immer eine andere, weitere – und Inhalte ergeben sich nun einmal ausschließlich aus ihrem Zusammenhang. Andererseits besteht die Kunst der Publizistik natürlich genau darin, komplexe Sachverhalte zuzuspitzen und Pointen zu setzen; mit Blick auf das Layout des vorliegenden Buches – hier ein Bild, dort ein Zitat – dachte ich deshalb auch irgendwann an die Blattmacherinnen, die sich um Aufmacher oder Magazincover kümmern und sie mit jenen, den Sachverhalt verkürzenden und sogar verfälschenden Überschriften und Untertiteln versorgen, die bis in alle Ewigkeiten im Gedächtnis hängen bleiben – „Wir sind Papst", zum Beispiel. Die Reaktionen von Journalistinnen, Twitter- und Facebook-Nutzerinnen sowie Leserin- und Aktionsbriefschreiberinnen sind ja ohnehin ein wesentlicher Bestandteil der ganzen Arbeit, die das Zentrum für Politische Schönheit in jedes einzelne seiner Projekte steckt. „Stell Dir vor, es ist Krieg und keiner geht hin" mag ein Bonmot sein. Im Kern trifft es die ganze Sache mit den Aktionen und Reaktionen aber doch recht gut: Die sogenannte „Öffentlichkeit" ist nämlich nicht nur Zuschauerin, sondern auch Teilnehmerin, manchmal könnte frau sogar denken, Spielball.

Erinnern Sie sich an die 1001 chinesischen Staatsbürgerinnen, die der Künstler Ai Weiwei im Jahr 2007 anlässlich der documenta 7 nach Kassel brachte? Wochen, nein Monate vor der Eröffnung hatte er die Medien in sein Vorhaben eingeweiht, nämlich statt einer Skulptur Menschen in der Großausstellung zu zeigen. Immerzu sprach er von einem „Readymade", was dazu führte, dass Journalistinnen heftig über die bevorstehende Aktion zu spekulieren begannen. Ai Weiwei werde Menschen objektivieren! Und ein Massenornament in die Kasseler Karlsaue gießen!, schrieben sie in ihren Previews. Der Spiegel brachte noch zu Laufzeiten der documenta im Sommer 2007 einen Titel über mögliche illegale Überwachungsmethoden des Staates mit der Überschrift „Die gelben Spione". Dass es damals noch zum rassistischen Ton gehörte, so etwas wie eine „Gelbe Gefahr" heraufzubeschwören, dürfte dem Künstler Ai Weiwei durchaus bewusst gewesen sein. Es schien, als gehörten die angstbesetzten Vorurteile mit zu seinem Kunstwerk, das sie erst zutage förderte und dann zerstörte: Nach der Eröffnung der *documenta* berichteten die Medien tatsächlich nur noch liebevoll über die allerschönsten Begegnungen zwischen Menschen aus China und Deutschland, die der Künstler ermöglicht habe. Ich erwähne dieses Projekt, das Ai Weiwei „Fairytale" nannte, weil es gewisse strategische Ähnlichkeiten zu den Aktionen des Zentrums für Politische Schönheit aufweist: Hier wie dort spielen Künstlerinnen beziehungsweise Aktivistinnen mit den Moralvorstellungen, Vorurteilen, Hoffnungen und Ängsten ihres Publikums, alles wirkt wie eine explosive Mischung aus Trompe-l'œil- und Brecht'schen Theaterverfremdungs-Effekten, die wie Spiegel eines kollektiven Unbewussten funktionieren. Wen wundert's da noch, dass aus vielen der Reaktionen Wutausbrüche, Empörung und Hassliebe zu sprechen scheinen.

Philipp Ruch, den ich noch aus dem Philosophie-Studium an der Humboldt-Universität kenne, fragte mich einmal, ob ich sie nicht ein wenig medienberaten könne. Er und das ganze Team bereiteten damals gerade einen Schülerinnenwettbewerb in Bayern vor, der nicht nur an das Widerstandserbe von Hans und Sophie Scholl erinnern sollte, sondern Kinder und Jugendliche dazu aufrief, in eine Diktatur zu reisen, um dort den Heldinnen der deutschen Geschichte nachzueifern und Flugblätter gegen diese Diktatur zu verteilen und darüber hinaus sogar einen Tyrannenmord zu begehen. Selbstverständlich hatte ich alles Mögliche zur sogenannten „Medienwirksamkeit“ des Zentrums zu sagen. Der Teufel steckt halt – so dumm dieses Sprichwort auch sein mag – im Detail. Und ich fand es interessant, einen Einblick in die Planung einer Aktion zu bekommen, von der frau ausgehen kann, dass sie ein superlautes Echo hervorbringen wird. Es waren Minderjährige im Spiel, herrje. Und ein Aufruf zum Mord! Und es war ein Freundschaftsdienst. Vielleicht mag das mit ein Grund dafür gewesen sein, warum ich es ganz besonders auf seine Personalie, auf Philipp Ruch, abgesehen hatte.

„Ruch wurde nicht nur Antimodernismus vorgeworfen und diktatorische Absichten unterstellt, nein, seine Gegner halten ihn für einen gekränkten Psychologensohn und sein Buch für dessen Coming-out. Wären diese Interpretationen nicht so radikal, müsste man über sie lachen (so persönlich wird es schließlich selten im deutschen Feuilleton).“ Diese Zeilen habe ich vor vielen Jahren geschrieben (ich bitte um Verzeihung, dass ich mich hier selbst zitiere, so viel Eitelkeit muss sein). In meinem Artikel ging es um das Buch „Wenn nicht wir, wer dann?“, das Ruch verfasst hatte und das eigentlich nicht sehr viel mit dem Zentrum für Politische Schönheit zu tun hatte. Wer die Berichterstattung über ihre Aktionen über die Jahre verfolgte, weiß aber, wie oft sie sich um den Gründer Philipp Ruch drehte, wie oft grenzenlose Abneigung oder moralisches Unbehagen an ihm aufgehängt wurde.

Als wir uns eines Nachmittags mit einigen Mitgliedern des Zentrums im Garten des Gorki-Theaters zusammensetzten, versuchte ich sie deshalb davon zu überzeugen, dass Philipp Ruch beim Schülerinnenwettbewerb in München and beyond das Megaphon nicht in die Hand nehmen und lieber andere auf die Bühne treten lassen sollte. Wer nicht im Rampenlicht steht, wird auch nicht angegriffen, lautete in etwa mein (zugegeben nicht besonders origineller) Rat. Abgesehen davon, dass Ruch sich nicht vor Hass zu fürchten scheint, liegt es nur leider in der Natur der Medien, dass sie Vorzeigegesichter lieben, dass sie Geschichten an einer prominenten Hauptfigur aufhängen und das Kollektiv meiden. Außerdem folgen sie dem sogenannten „Nachrichtenwert“, der sich aus allem Möglichen, wie geografischer Nähe, gesellschaftlicher Relevanz und so weiter, erschließen lässt. Besonders wichtig ist jedoch Aktualität, zu welchem Zeitpunkt also über dieses oder jenes geschrieben wird. „Je früher, desto besser!“ lautet die Devise. Und diese macht sich das Zentrum für Politische Schönheit in der Regel ganz besonders zunutze.

Die Aktion „75 Jahre Weiße Rose“ bestand ja nicht nur aus einem Schülerinnenwettbewerb und einem Aufruf zum Tyrannenmord. Im Rahmen der Gesamtkomposition stellten sie lediglich die Ouvertüre dar. Das große Paukenschlag-Finale sollte erst später in Istanbul mit einer unschuldigen Druckermaschine eingeleitet werden, die das Zentrum in einem Hotel am Gezi-Park platzierte und dann per Fernbedienung anschaltete – auf dass sie Hunderte von Seiten in Richtung Fenster druckt, die dann von der Bevölkerung aufgesammelt werden. Monate zuvor, als wir an besagtem Nachmittag im Garten des Gorki zusammensaßen und uns über die Vermittlung unterhielten, wurde ich in dieses Detail des Theaters jedoch nicht eingeweiht. Und das war auch gut so. Ich hätte nämlich vermutlich dafür plädiert, Journalistinnen vorab zu warnen, dass da noch etwas komme, bevor sie ihre Zeilen in die Tasten hauen. Vielleicht hätte ich sogar Gespräche in Hinterzimmern organisiert und Sperrfristen für die Veröffentlichung des großen Geheimnisses verhängt. Das Urteil fällt doch anders aus, wenn frau weiß, dass natürlich kein Kind in Gefahr gebracht und in eine Diktatur geflogen werden sollte, sondern die Wunder der Technik ihren Teil zum symbolischen Widerstand leisten, oder nicht? Nur wäre damit eben auch eines der zentralen Charakteristika der darstellenden Künste verloren gegangen: Sie entfalten ihre Wirkung erst und immer mit und in der Zeit.

Für das Zentrum für Politische Schönheit hat das den netten Nebeneffekt, dass der Artikel von gestern am nächsten Tag schon nicht mehr stimmt und die Kritikerin sich weiter mit ihrer Aktion herumschlagen muss, wenn sie den Anschluss nicht verlieren will. Auch dieses Wettrennen gegen die performative Veränderung ein und derselben Aktion kann den Medienerfolg der selbst ernannten aggressiven Humanistinnen nicht abschließend erklären. Aber vielleicht sind wir im Anschluss an diesen einleitenden Erklärungsversuch alle etwas besser vorbereitet auf ihren nächsten Coup d'État.

AKTION

REAKTION

25.000 EURO BELOHNUNG

2012

Ich bin moralisch entsetzt!

KURT BRAATZ,
PRESSESPRECHER KRAUSS-MAFFEI WEGMANN

DAS HOLOCAUST-MAHNMAL VOR HÖCKES HAUS

2017

Kaputtes Hirn in Erbsengröße.
Vermutlich zu viel Extacy.

JOACHIM REH, VIA FACEBOOK

KINDERTRANSPORTHILFE DES BUNDES

2014

Die Kunst des Zentrums für
Politische Schönheit ist nicht
lustig, und sie will nicht in die
Museen. Sie meint es todernst:
Man muss etwas tun.

DIE ZEIT

SOKO CHEMNITZ

2018

Fahnung und anschwärzen
beim Chef :D :D sagt mal
wie lächerlich seid igr eigentlich
unverschämtes drecks Pack.

HEINBUCH86, VIA INSTAGRAM

75 JAHRE
WEISSE ROSE

2017

Ich finde das katastrophal.
Das ist kein verantwortungsvoller
Umgang mit Jugendlichen!

RICHARD QUAAS, CSU

DAS HOLOCAUST-MAHNMAL VOR HÖCKES HAUS

2017

Früher hätte ich euch
mit der Schlinge weggefangen.

BORNHAGENER SCHLINGENWILLI,
GEGENÜBER JOURNALISTEN

SOKO CHEMNITZ

2018

BÜRGERWEHR!!! BÜRGERWEHR!!!
BÜRGERWEHR!!! BÜRGERWEHR!!!
BÜRGERWEHR!!! BÜRGERWEHR!!!
BÜRGERWEHR!!! BÜRGERWEHR!!!
BÜRGERWEHR!!! BÜRGERWEHR!!!
BÜRGERWEHR!!! BÜRGERWEHR!!!

TRODAT W., VIA FACEBOOK

BERGUNGSARBEITEN AUF LETHE

2009

Es verfolgen einen die Bilder des „In-den-Himmel-Starrens“ und „Auf-die-Hilfe-von-oben-Wartens“, nicht durch einen imaginären Gott, sondern durch die europäische Zivilisation!

JOHANNES SEELANG, VIA FACEBOOK

DIE TOTEN KOMMEN

2015

Hart an der Grenze, aber auch gerade deshalb direkt an den berührenden Themen dran.

KATJA KIPPING, DIE LINKE

ERSTER EUROPÄISCHER MAUERFALL

2014

Unfassbar, dass mitten im Regierungsviertel eine Gedenkstätte abtransportiert wird und niemand es merkt!

ROBERT-HAVEMANN-GESELLSCHAFT

KINDERTRANSPORTHILFE DES BUNDES

2014

Mich irritiert immer wieder, dass es Politiker vorziehen, belanglose Initiativen zu unterstützen, statt wahre Menschlichkeit zu zeigen. Frau Schwesig hätte jetzt die Chance, ihr altes Image als „Barbie von der Ostsee“ loszuwerden.

JOHN KURTZ, VIA TAZ

SUCHT NACH UNS

2019

Die Tatsache, dass die Überreste der Ermordeten Hitlerdeutschlands buchstäblich im Boden stecken, auch in Deutschland, dürfte für die meisten Deutschen neu sein.

SILKE HOHMANN, MONOPOL MAGAZIN

SOKO CHEMNITZ

2018

In Chemnitz hat ein „Laden“
eröffnet, welcher dadrauf abzielt,
Demonstrationsteilnehmer
zu denunzieren und diese möglichst arbeitslos zu machen.
Dies können wir nicht dulden!
Wer sein Gesicht unter der
Adresse „soko-chemnitz.de“
findet, sollte unsere Seite heute
im Auge behalten, wir sind
grade dabei, alle rechtlichen
Möglichkeiten zu prüfen
und werden dann die weiteren
Schritte hier mitteilen.

BÜRGERBEWEGUNG PRO CHEMNITZ

WO SIND UNSERE WAFFEN?

2020

Ich würde gern Friedrich Merz
abgeben. Ist zwar nur ein
kleines Kaliber, könnte aber,
wenn es schlecht läuft,
das Land endgültig ruinieren.

JÜRGEN WYDRA, VIA ZEIT.DE

SUCHT NACH UNS

2019

Jüngere und Ältere können sich gegenseitig helfen zu verstehen, warum es lebenswichtig ist, die Erinnerung wachzuhalten. Es geht nicht darum, Vergangenheit zu bewältigen. Das kann man gar nicht. Wer vor der Vergangenheit die Augen verschließt, wird blind für die Gegenwart. Wer sich der Unmenschlichkeit nicht erinnern will, der wird anfällig für neue Ansteckungsgefahren.

RICHARD VON WEIZSÄCKER (CDU),
BUNDESPRÄSIDENT (1984–1994)

ERSTER EUROPÄISCHER MAUERFALL

2014

Ein Fall von besonders
schwerem Diebstahl.

POLIZEI BERLIN

WO SIND UNSERE WAFFEN?

2020

Politischer Protest in Ulm: Polizei ermittelt.

SÜDWEST PRESSE

DIE JEAN-MONNET-BRÜCKE

2015

Sie haben es wieder getan. Ein perfekt produziertes Video, stimmig bis ins letzte Detail: Eine vierspurige Autobahnbrücke mitten im Meer kommt ins Bild. Mit einer fliegenden Kamera, die das zweifellos prestigeträchtige Objekt aus allen möglichen Winkeln visualisiert. Ein Gefühl der Freiheit kommt auf, als der Kameravogel in Richtung eines Autos wandert, im glänzenden Licht der mediterranen Sonne sehen wir ein Schild mit der Aufschrift „Italia", umgeben von den Sternen der EU.

DER STANDARD

DIE TOTEN KOMMEN

2015

Wenn die Politiker und ihre Wähler keine Antwort finden, vielleicht muss das Problem dann abstrahiert und Themen wie Krieg, Flucht und Tod inszeniert werden. Das Zentrum für Politische Schönheit hat dabei eindrucksvoll Regie geführt. Und Bilder geschaffen, die wir hier in Europa brauchen, um endlich zu verstehen, dass wir handeln müssen.

STERN

DAS HOLOCAUST-MAHNMAL VOR HÖCKES HAUS

2017

Das ZPS wendet Methoden der Nazis an! Die künstlerische Freiheit hört dort auf, wo die Freiheit Anderer beeinträchtigt wird. Diese Grenze ist hier nicht nur erreicht, sie wurde meilenweit überschritten. Wer diesen totalitären und fanatischen Gesinnungsterror als Kunst verharmlost, handelt verantwortungslos. Hier muss der Rechtsstaat mit allen Mitteln einschreiten. Wehret den Anfängen!

ALEXANDER GAULAND, AFD

SUCHT NACH UNS

2019

Es ist völlig richtig, die jüdischen Opfer des Nationalsozialismus in einer Zeit dem Vergessen zu entreißen, da in Deutschland wieder Anschläge auf Synagogen verübt werden.

GREGOR GYSI (DIE LINKE), VIA BERLINER ZEITUNG

ERSTER EUROPÄISCHER MAUERFALL

2014

Das ist nicht dasselbe.
Der Mauerfall ist ein abgeschlossenes historisches Ereignis.
Natürlich kann man über Grenzen und Frontex-Zäune diskutieren – aber nicht so.

RAINER ECKERT,
ZEITGESCHICHTLICHES FORUM

DIE CHRONIK DES 21. JAHRHUNDERTS

2009

Nur weil sie Künstler sind, heißt das nicht, dass sie über dem Gesetz sind. Künstlerische Freiheit hat auch ihre Grenzen. Kann ich jemanden umbringen als Teil eines Kunstwerkes? Nur so als Extrembeispiel? Merkel z.B.? Ganz klar nicht. Gesetze können nicht alles abdecken. Dass wir heutzutage so ein unübersichtliches und kompliziertes Gesetzbuch haben, liegt an solchen Spinnern wie denen, die meinen, sie wissen's besser als andere. Manchmal hilft es, seinen Verstand zu benutzen.

HDROSPIELER123, VIA YOUTUBE

FLÜCHTLINGE FRESSEN

2016

Die Arena ist nur die spektakuläre Kulisse des Projekts. Ob es danach zur Katastrophe kommt oder zur Katharsis, entscheidet sich dort. „Wir proben beides, Utopie und Dystopie“, sagte André Leipold vom ZPS auf einer im Theater einberufenen „Bundeserpressungskonferenz“.

DIE ZEIT

DIE TOTEN KOMMEN

2015

Bei allem Respekt vor humanitärem Engagement: Mit solchen Aktionen werden Grenzen der Pietät überschritten.

WOLFGANG BOSBACH, CDU

DIE JEAN-MONNET-BRÜCKE

2015

Muss die Kunst Europa retten? Wenn es die Politiker nicht schaffen. Eine blaue Plastikinsel im Mittelmeer wird zum Mahnmal. Und die rot-weiß-rote Fahne Österreichs flattert stolz im Wind. Um was sich Künstler auf einmal kümmern müssen: um Seegang und Windstärken. Um Notrufnummern und um internationales Seerecht. Darf man einfach so eine Plattform ins Mittelmeer stellen? Anscheinend schon, wenn man sie nur mit Positionslichtern versieht.

TAGESSCHAU

25.000 EURO BELOHNUNG

2012

Die Überzeugung des ZPS lautet: Die Interessen der Demokratie-bewegung im Nahen Osten sind höher einzustufen als die Persönlichkeitsrechte der acht Leute, die von ihrer Aktion direkt betroffen sind. Im Vergleich zur derzeitigen Aktion erscheinen [die alten Aktionen] als harmlos.

FRANKFURTER ALLGEMEINE ZEITUNG

KINDERTRANSPORTHILFE DES BUNDES

2014

Bei allem Respekt für Ihr sicherlich wohlaufrichtiges und wohlgesonnenes Projekt „1 aus 100“ möchte ich Sie in aller Klarheit darauf aufmerksam machen, dass dieses mit den Gefühlen von Kindern hier spielt, Erwartungen weckt und Enttäuschungen sät.

BETTINA H.M., VIA E-MAIL

75 JAHRE
WEISSE ROSE

2017

Wir rufen euch auf:
Seid keine willenlose Herde
von Mitläufern, die zulässt,
dass Nachbarn eingesperrt
oder getötet werden.
Verteidigt die Demokratie.
Bekämpft den Rassismus.
Stürzt die Diktatur!

AUSZUG AUS DEM GEWINNER-FLUGBLATT
(IN ANLEHNUNG AN DIE WEISSE ROSE)

ERSTER EUROPÄISCHER MAUERFALL

2014

Was bedeuten diese Toten? Was verlangen sie? Sie sind Mahnung, sie sind Auftrag. Während an der Spree das politische Fanal des Mauerfalls komplett entpolitisiert wird, lenkt das Zentrum für Politische Schönheit die Aufmerksamkeit auf das, was die Lehre, die Botschaft, die Verpflichtung sein könnte von 25 Jahre Mauerfall.

DER SPIEGEL

SOKO CHEMNITZ

2018

Die Aktionen tragen dazu bei, eine weitere Polarisierung der politischen Debatte voranzutreiben und einer Spaltung der Gesellschaft Vorschub zu leisten.

HORST SEEHOFER (CSU), BUNDESINNENMINISTER

KINDERTRANSPORTHILFE DES BUNDES

2014

Ich finde es großartig, dass ihr nicht eine Satire daraus macht, sondern ein tatsächlich realisierbares Projekt aus dem Ärmel schüttelt!

HENRIETTE HOPPEL, VIA FACEBOOK

FLÜCHTLINGE FRESSEN

2016

Was empört ihr euch so über die Vorstellung, Freiwillige würden sich in der Mitte Berlins von Tigern fressen lassen, während ihr auf die tausenden Toten, die auf der Flucht über das Mittelmeer unfreiwillig ertrinken, mit den Verarbeitungsroutinen geübter Nachrichtenkonsumenten reagiert? Man hat „Flüchtlinge fressen“ oft Zynismus vorgeworfen. Große Worte, gleichsam als Planen wirft man sie über Probleme, die man nicht so genau betrachten will. Die Aktion: ein Appell an Empathie und Imagination.

SÜDDEUTSCHE ZEITUNG

SOKO CHEMNITZ

2018

Die ZPS-Aktionen sind fast schon Klassiker der antifaschistischen Ikonografie. Die Selbststilisierung von Philipp Ruch und seinen Partisanen ist womöglich mehr als nur Pose. Sie sendet eine Botschaft: Antifaschismus ist ein heroischer Akt.

ZITTY

2099

AUFRUF ZUM MORD!
RAJA
MUSS STERBEN!
DIE REPUBLIK IST IN GEFAHR!
ZENTRUM FÜR POLITISCHE SCHÖNHEIT

2015

Ist man enttäuscht, wenn die vermeintlichen Tiermörder sich gar nicht erst auf den Weg machen? Im Grunde hatte das Zentrum da schon seine Mission erfüllt. Entlarvt war die verlogene Doppelmoral einer bürgerlichen Gesellschaft, die schon die Drohung gegen ein niedliches Tierbaby auf die Barrikaden bringt, aber die ein Massensterben von Menschen in Bürgerkriegsgebieten vergleichsweise kalt lässt.

WESTFÄLISCHER ANZEIGER

FLÜCHTLINGE FRESSEN

2016

Erst kommt das Fressen, dann die Moral, wusste schon Bertolt Brecht. Aber ob er sich das so vorgestellt hat?

BERLINER MORGENPOST

DIE JEAN-
MONNET-BRÜCKE

2015

Das Zentrum für Politische Schönheit hat seinen Plan gut durchdacht und fingiert ein Megaprojekt, das Europa so noch nicht gesehen hat.

CAFÉBABEL

2099

2015

„2099“ ist eine nicht einmal allzu strenge Publikumsbeschimpfung. Antworten hat das Zentrum nicht, aber es stellt berechtigte Fragen.

WESTFÄLISCHER ANZEIGER

KINDERTRANSPORTHILFE DES BUNDES

2014

Und das ist das Verdienst der Künstler: Ihr Lehrstück war ergebnisoffen. Es hätte syrischen Kindern helfen können, wenn die überraschte Bundesministerin nachträglich mitgespielt hätte. So aber wurde es nur zum Lehrstück darüber, was Politik ist. Und ließ doch für einen kleinen Moment erahnen, was Politik sein könnte.

DEUTSCHLANDFUNK KULTUR

WO SIND UNSERE WAFFEN?

2020

Heeee, @politicalbeauty,
ich weiß, wo unsere
deutschen Waffen sind –
in Türkei & Ungarn z.B.
Aber eingesetzt werden sie
weltweit... ZwinkerSmiley!

MARTIN SONNEBORN, DIE PARTEI

SCHWEIZ ENTKÖPPELN

2016

Man muss nichts glauben,
um verflucht zu werden. Ach ja,
und mein aufrichtiges Beileid
zu Ihrem traurigen Atheismus.

ANKE TIMM, VIA FACEBOOK

DIE TOTEN KOMMEN

2015

Sollen die Toten über uns kommen
und uns daran erinnern,
was Würde ist und dass wir Geld
nicht essen können.

TAZ

KINDERTRANSPORTHILFE DES BUNDES

2014

Das ZPS schreckt mit hyperrealistischen Aktionen die Politik auf. [Es sind die Mittel des Theaters], mit denen sie das politische Berlin erst vorführen und dann zum Handeln zwingen. Für ihre „Handreichung" reicht ihnen ein Theatersaal nicht aus: Ihre Bühne ist ganz Berlin, und die Politik inszenieren sie gleich dazu. Der gesellschaftliche Konflikt soll nicht nur detonieren, das Zentrum für Politische Schönheit experimentiert auch mit dessen Lösung.

DIE WELT

DIE ZEITKAPSEL-VERSUCHE

2009

Sie wollten dem Bundespräsidenten zu dessen Wahl ein politisches Gemälde mit dem Titel „Der Lichtblick“ überbringen. Als sie das Gedicht „An die Schönheit“ von Ernst Stadler rezitieren, werden sie verhaftet. Das LKA Berlin will „meinungsäußernde Inhalte“ erkannt haben. Politischer Expressionismus par excellence.

MOTOR FM

SOKO CHEMNITZ

2018

Die Stasi macht jetzt auf Kunst!

MARC JONGEN (AFD),
KULTURPOLITISCHER SPRECHER

75 JAHRE WEISSE ROSE

2017

Dies ist ein unzulässiger Regime Change-Versuch.

MARTIN LEJEUNE,
POLITISCHER AKTIVIST

SUCHT NACH UNS

2019

Ich war mir nicht einmal bewusst, dass es Asche von den Millionen Opfern gibt, die in der Landschaft herumliegt, zu Baumaterial gemacht – und nicht einmal gewürdigt wird. Die Opfer der Nazis werden bis heute nicht gewürdigt – das ist unfassbar. Das ist der eigentliche Skandal.

WAHIDA AZHARI, VIA FACEBOOK

DAS HOLOCAUST-MAHNMAL VOR HÖCKES HAUS

2017

Yes, it’s uncomfortable.
But then, Germany’s history
is uncomfortable.

NEW YORK TIMES

FLÜCHTLINGE FRESSEN

2016

Trotz aller Kritik an der Umsetzung kommt man um „Flüchtlinge fressen“, und das ist der große Verdienst der Aktion, nicht herum. Sie hat einen Diskursraum geöffnet, in dem das Innenministerium mitmischt, CDU-Abgeordnete, die deutsche Presselandschaft, Passanten, das Straßen- und Grünflächenamt, welches die Arena abgebaut sehen möchte.

DER FREITAG

DIE TOTEN KOMMEN

2015

Was hübsch friedlich und vielleicht auch kreativ klingt, liest sich in einer Polizeibilanz nicht so. Demnach kam es nach dem offiziellen Ende der Demonstration zu diversen Straftaten. Während die meisten Besetzer nach Aufforderung die Rasenfläche verließen, „mussten zirka 50 Personen von Polizisten vom Gelände geführt werden. Zwölf Polizisten wurden dabei verletzt. Unter anderem biss ein Mann eine Beamtin so stark in den Finger, dass sie im Krankenhaus behandelt werden musste“, schreibt die Polizei.

BERLINER ZEITUNG

DIE JEAN-MONNET-BRÜCKE

2015

Die EU begrüßt die Mühseligen
und Beladenen, die über das
Meer bei ihr Zuflucht suchen,
nicht mit einer Freiheitsstatue,
sondern mit Patrouillenbooten
der Küstenwache und Auffang-
lagern für illegale Migranten.

DIE ZEIT

75 JAHRE WEISSE ROSE

2017

Das Zentrum für Politische Schönheit wollte in München mit Scholl 2017 über den Widerstand in der Gegenwart reflektieren und erntete aggressiven Spott. Warum hat das Feuilleton so ein Problem mit Moral?

GEORG DIEZ, DER SPIEGEL

SARKOPHAG OBERNDORF

2012

Schwachsinn! Hat mal einen Scheißdreck mit Schönheit zu tun.

ZUYA SKYTERA, VIA FACEBOOK

SCHWEIZ ENTKÖPPELN

2016

Es ist wohlfeil geworden, sich über die „Entköppelung“ am Theater Neumarkt zu empören. Verärgerung über die unsägliche Aktion gehört zum guten Ton. Aus der Politik ertönt der Ruf, dem Theater die Subventionen zu streichen. Und dem schlossen sich auch Kulturschaffende an. Sein Stück sei auf der Neumarkt-Bühne abgebrochen worden. Es laufe aber nach wie vor. In der Öffentlichkeit, in den Medien, in der Politik – und alle machten mit.

NEUE ZÜRCHER ZEITUNG

75 JAHRE
WEISSE ROSE

2017

Es ist nie zu früh,
Kritik an Diktaturen zu üben –
aber schnell zu spät!
Tyrannenmord könnte überall
dort angebracht sein,
wo Menschenrechte außer
Kraft gesetzt sind.

WOLFGANG BENZ,
TRÄGER GESCHWISTER-SCHOLL-PREIS

FLÜCHTLINGE FRESSEN

2016

Letztlich gibt es nur einen Grund dafür, dass wir die Flüchtlinge in Flugzeuge steigen lassen müssen: Wir würden ebenfalls in ein Flugzeug steigen wollen, wenn wir in ihrer Situation wären. Zynismus, also Menschenverachtung, beginnt dort, wo wir anderen nicht zugestehen, was wir für uns selbst in Anspruch nehmen.

TELL

DIE RE-FORMATION DER GESCHICHTE

2009

Sie sagten, sie kämpften gegen die Vertreibung der Schönheit im Land.

DEUTSCHLANDFUNK

DIE TOTEN KOMMEN

2015

Ein wunderschöner Akt des zivilen Ungehorsams! Es hat in Deutschland ja schon eine gewisse Tradition, dass selbst bei Revolutionen „das Betreten des Rasens verboten“ bleibt.

HUMANISTISCHER PRESSEDIENST

2099

2015

Sobald Tiere bedroht werden, sind die Menschen berührt und empört, da gehen sie auf die Barrikaden. Aber was ist mit den Kriegsnotleidenden und Sterbenden in Syrien?

SÜDDEUTSCHE ZEITUNG

DIE SÄULEN DER SCHANDE

2010

German activist Philipp Ruch's monument to Srebrenica is a huge jumble of worn shoes.

AL JAZEERA

CDU BAYERN

2016

Das Einzige, was @politicalbeauty aus der #CDUBayern-Aktion heute gelernt haben sollte: Das Schild war zu klein und hätte größer gekonnt. Sonst war doch alles top. Staatsschutz ist beim NSU auch immer sehr passiv gewesen, auch heute noch. Wieso jetzt so aggro?

@GARAFAT87, VIA TWITTER

ERSTER EUROPÄISCHER MAUERFALL

2014

Die weißen Kreuze sind gestohlen worden, mit einer heldenhaften Attitüde und einer pseudohumanitären Begründung, die man für blanken Zynismus halten muss.

NORBERT LAMMERT (CDU),
BUNDESTAGSPRÄSIDENT

DIE TOTEN KOMMEN

2015

In einer internen Mail, die BILD vorliegt, heißt es: „Kassenstand Grünunterhaltung von heute: 60.000 Euro für den Rest des Jahres – für 850 Hektar Grünflächen". Der gefrustete Schreiber: „This is the end … wir sind pleite!"

BILD

ERSTER EUROPÄISCHER MAUERFALL

2014

Mit ihrer Erinnerungsoffensive verderben die Maueraktivisten manchem Erinnerungsroutinier die Vorfreude auf die zunehmend eingeübte Gemütlichkeit des ungemütlichen, vielschichtigen 9. Novembers.

DER TAGESSPIEGEL

KINDERTRANSPORTHILFE DES BUNDES

2014

Kunst kann die Welt verbessern!
Klingt kitschig? Stimmt aber.

SÜDDEUTSCHE ZEITUNG

SOKO CHEMNITZ

2018

Das Zentrum für Politische Schönheit ist ein totalitärer Verein, der verboten gehört.

ANDRÉ BARTH, AFD

ERSTER EUROPÄISCHER MAUERFALL

2014

Daher erstaunt es nicht, dass es den bulgarischen Innenminister in die Bredouille bringt, wenn ausgerechnet deutsche EU-BürgerInnen gegen den Grenzzaun vorgehen. Die kann man nicht einfach wegsperren und hungern lassen. Die haben ja eine Lobby – und vor allem den richtigen Pass.

TAZ

75 JAHRE WEISSE ROSE

2017

Großartig. Und ich glaube, dass die Schüler das schon sehr gut einschätzen können.

CARSTEN GERLOFF, SPD

DIE ZEITKAPSEL-VERSUCHE

2009

Beim Forum der verlorenen Hoffnungen soll das Volk vor dem Kanzleramt ein imaginäres Bergwerk errichten, in dem unterdrückte oder enttäuschte Sehnsüchte zutage gefördert werden. Also: Politische Hoffnungen aus dem Schrank holen und mitwerken.

DER TAGESSPIEGEL

SOKO CHEMNITZ

2018

Der trojanische Hase …
Ihr musstet noch nicht mal ins
Innere steigen. Was 1 cooler Move,
vong Lässigkeit her.

LARS B., VIA FACEBOOK

BERGUNGSARBEITEN AUF LETHE

2009

Ich muss gestehen, dass ich mit der Situation von Srebrenica nicht allzu gut vertraut war. Und damit bin ich sicherlich nicht alleine, doch gerade dieser Film zeigt, wie wichtig es doch ist, zu wissen, was hier passierte. Wie einfach sich eine solche Situation doch wiederholen könnte. Gerade darauf sollte man doch Aufmerksamkeit ziehen.

KILIAN, VIA AMAZON

DAS HOLOCAUST-MAHNMAL VOR HÖCKES HAUS

2017

Ich denke, dass diese neuerliche Aktion der Linksterroristen die ohnehin schon riesige Welle der Solidarität mit Björn Höcke noch weiter anschwellen lässt! Die linksgrüne Szene demaskiert sich damit derart genial als die wahren Faschisten, dass es immer mehr Menschen aus der bürgerlichen Mitte leicht fällt, sich auf die Seite der AfD zu schlagen! Man muss den mutmaßlichen Terroristen des ZPS dankbar sein für diese Eigentore!

LUTZ BACHMANN, PEGIDA

KINDERTRANSPORTHILFE DES BUNDES

2014

Die schöne junge Frau spricht
von notwendiger Selektion.
„Wir können nicht alle retten."
Meint sie das ernst,
oder ist es eine Provokation?
Ist es eine Provokation,
weil es ernst gemeint ist?

BERLINER ZEITUNG

DIE SÄULEN DER SCHANDE

2010

Ob mit Bedacht oder unbewusst: In Ruchs Projekt treffen sich Auschwitz und Srebrenica. Und das ist ein Vergleich, in dem man sich nur ungut verstricken kann.

BERLINER ZEITUNG

DIE JEAN-MONNET-BRÜCKE

2015

Die Hintergrundmusik ist pathetisch. Die Bilder sind kitschig. Wie Engel schweben wir entlang einer langen Steinbrücke über das Meer. Wer das ZPS kennt, weiß, dass es sich hier um gefakte Zitate und Aussagen handelt und dass die Künstler diesen Umstand bis zur Klagedrohnung abstreiten werden.

ORF

SUCHT NACH UNS

2019

Für gefallene Soldaten werden abertausende Euro ausgegeben, um mit Schülern Schlachtfelder zu exhumieren und Grabfelder anzulegen. Passierte sowas mit der Asche der NS-Opfer? Nein.

STEFAN, VIA E-MAIL

SOKO CHEMNITZ

2018

Denksport: Wenn die kriminelle „Soko Chemnitz“ des Zentrums für Politische Schönheit also Kunst war, kann dann auch ein Mord Kunst sein?

BÜRGERBEWEGUNG PRO CHEMNITZ

CDU BAYERN

2016

Als wir gehört haben, dass @politicalbeauty die #CDUBayern eröffnen mag, haben wir einfach mal unsere Domains http://bayern-cdu.de und http://cdu.bayern auf ihre Domain http://cdu-bayern.de umgeleitet. #ausgehetzt #CSU #zweideppeneingedanke #PengService

@PENG, VIA TWITTER

DIE TOTEN KOMMEN

2015

Auf der Internetseite sind Fotos von Gräbern zu sehen, Überschrift „It’s happening“. Die Künstler preisen ihr Werk als „Aktionskunst“ von nie dagewesener Größenordnung. So geil hat sich in Deutschland schon lange niemand mehr gefunden, nicht mal das Rödelheim Hartreim Projekt.

FRANKFURTER ALLGEMEINE ZEITUNG

BERGUNGSARBEITEN AUF LETHE

2009

Die wohl außergewöhnlichste „fotografische Position“ auf dem diesjährigen Berliner Kunstsalon präsentiert das ZPS. Außergewöhnlich ist die Position deshalb, weil ihre Protagonisten selber nicht fotografieren, sondern Dritte dazu verleiten, zur Kamera zu greifen: Sie kreieren durch ihre Aktionen derart wirkungsvoll gesetzte Bilder, dass diese von der Presse dankbar aufgegriffen werden und dann als Fotos in Zeitungen und Magazinen ihren Weg in die weite Welt hinaus nehmen.

EXTRA:F

DAS HOLOCAUST-MAHNMAL VOR HÖCKES HAUS

2017

Wer so etwas tut, ist ein Terrorist. Das Zentrum für Politische Schönheit ist keine Künstlergruppe, sondern eine terroristische Vereinigung!

BJÖRN HÖCKE, AFD

SCHWEIZ ENTKÖPPELN

2016

Mit der Wahl Trumps wird die „Entköppelung“ leider niedergetrumpt werden, dass einem Hören und Sehen vergeht!

ALEXANDER SCHIWOW, VIA FACEBOOK

SOKO CHEMNITZ

2018

In Frankreich brennt die Straße,
und hier bekommt man es nicht
mal auf die Kette, nen Stein durch
ne verfickte Scheibe zuwerfen.

MARCO B., VIA FACEBOOK

DIE ZEITKAPSEL-VERSUCHE

2009

Während Ruch und die anderen Aktivisten des Zentrums für Politische Schönheit noch ihre Wünsche durch das Megafon rufen, ist das Licht in Angela Merkels Büro längst gelöscht.

DIE WELT

WO SIND UNSERE WAFFEN?

2020

Jetzt soll es die 62 Kilo verschwundenen Sprengstoff gar nicht gegeben haben. Blöd nur, dass 2 Kilo davon schon aufgetaucht sind.

ANDY DUFRESNE, VIA TWITTER

75 JAHRE WEISSE ROSE

2017

Das bezaubernde wie banale Bild ist das eines einsamen Druckers, dessen Botschaften durch ein offenes Fenster fliegen. Wer hätte solch einen einsam ausgesetzten, aber kaum aggressiven Apparat bisher für widerständig gehalten? Das Zentrum für Politische Schönheit dokumentiert die profane Funktionsweise eines Druckauftrags, die erst dadurch brisant wird, weil der Drucker an der „Schnittstelle" zwischen innen und außen, zwischen Öffentlichkeit und privatem Raum operiert.

SAMIRA EL OUASSIL, VIA FACEBOOK

25.000 EURO BELOHNUNG

2012

Es sind ja wenigstens deutsche Panzer aus deren Rohren dann die anderen Falafelfresser abgeknallt werden. Haben „wir“ doch was davon. Das sickert ja bekanntlich alles bis zur Schlecker-Kassiererin durch, der es nur wegen der deutschen Panzer so gut geht. Man stelle sich vor, die würden da chinesische oder gar russische Billigpanzer verwenden, da wäre ja all „unser“ Wohlstand schwerstens gefährdet.

PROKRASTES, VIA TELEPOLIS

FLÜCHTLINGE FRESSEN

2016

Die Performance war mir nicht radikal genug. Sie hat niemandem wirklich wehgetan. Wie auch? War ja klar, dass da kein Mensch wirklich gefressen werden würde.

ANDREAS HERGETH, TAZ

DIE TOTEN KOMMEN

2015

Die Aktionen des Zentrums
für Politische Schönheit sind so
in etwa das Gegenteil dieses
selbstreferenziellen Kulturbetrieb-
Radical-Chics.

TIP BERLIN

DIE JEAN-MONNET-BRÜCKE

2015

Sie wollen im Mittelmeer
Plattformen errichten,
auf denen sich ertrinkende
Flüchtlinge retten können.

SÜDDEUTSCHE ZEITUNG

25.000 EURO BELOHNUNG

2012

Alte Freunde der Eigner waren vor den Kopf gestoßen. Auf einmal wussten sie, mit wem sie es zu tun hatten. Gerade noch ein Freund, jetzt Panzerhersteller für das Regime in Saudi Arabien.

METRONAUT

FLÜCHTLINGE FRESSEN

2016

Wer sich Kampagnen wie „Flüchtlinge fressen" ausdenkt, der hat sich von der Verrohung der Flüchtlingspolitik anstecken lassen.

CHRISTIAN JAKOB, TAZ

DIE TOTEN KOMMEN

2015

Wir erleben wieder einmal
die Spannung zwischen unserem
uns überschwemmenden Mitleid
und unserem Wissen darüber,
dass es darauf nicht ankommt.
Alles hängt davon ab, dass wir das
Richtige tun. Dass wir diese Bilder
nicht ertragen, dass wir uns
nicht ertragen, wenn wir sie ertragen, das könnte ein Anfang sein.

BERLINER ZEITUNG

SCHWEIZ ENTKÖPPELN

2016

Die Exorzismus-Klamotte ist vor allem saudumm, weil sie als primitive Provokation nur eines erreicht: dass eine Figur des öffentlichen Lebens, deren Verquickung eigener politischer und publizistischer Interessen mit hohem Berlusconi-Faktor verbunden ist, eine Welle der Solidarität erfährt.

BADISCHE ZEITUNG

DIE CHRONIK DES 21. JAHRHUNDERTS

2009

Der gesamte Fortschritt der Menschheit fällt auf Einzelne zurück.

CHRISTIAN SCHWARZ-SCHILLING, CDU

DIE TOTEN KOMMEN

2015

Die radikalste Deutung der „Antigone“ des Sophokles, die seit Langem zu sehen war.

DER TAGESSPIEGEL

SUCHT NACH UNS

2019

Wir sehen tonnenweise menschliche Überreste, verbrannt und zerstampft, verstreut in Wäldern, verklappt in Gewässern, aufgeschüttet zu Dämmen. Es ist den Mördern eben nicht gelungen, diese Überreste vollständig verschwinden zu lassen. Sie sind vielleicht das eigentliche Mahnmal für den Holocaust.

DEUTSCHLANDFUNK

DAS HOLOCAUST-MAHNMAL VOR HÖCKES HAUS

2017

Wir lassen die Vorratsdatenspeicherung zu. Wir haben nichts gegen Gesichtserkennung auf Bahnhöfen. Aber wenn das ZPS behauptet, es hätte Björn Höcke überwacht, steht die Republik Kopf. Nur ein Land, das im Namen des hohlen Versprechens an absolute Sicherheit bereit ist, die eigenen Freiheiten komplett aufzugeben, kann ernsthaft auf die Idee kommen, Mitgefühl mit dem erbärmlichsten Nazi der Gegenwart zu haben.

FLORIAN SCHRÖDER, COMEDIAN

SUCHT NACH UNS

2019

Die Stele mit dem Aschekern in Berlin wird verhüllt und abgebaut. Die Website ist abgeschaltet. Die Verantwortlichen haben sich entschuldigt. Die Aktion des „Zentrums für Politische Schönheit“ ist vollkommen verunglückt. Dennoch ist sie ein Lehrstück. Es darf allerdings bezweifelt werden, dass die Macher oder deren Unterstützer dies begreifen.

RBB

25.000 EURO BELOHNUNG

2012

Die Kreativität der Aktion ist einzigartig; die Auswirkung und mediale Reichweite enorm. Dass sich unter den Gewinnern dieser Deals auch Künstler befinden, will ich kaum wahrhaben.

NIKOLAUS, VIA INTERNET

DIE RE-FORMATION DER GESCHICHTE

2009

Die Presse hatte das Ereignis mit Ver- und Bewunderung aufgenommen – wohl mehr aufgrund der originellen Idee und Umsetzung als aufgrund der politischen Schlagkraft der Thesen, die kaum jemand hinter dem Ofen hervorlocken dürfte.

TELEPOLIS

WO SIND UNSERE WAFFEN?

2020

Da lob ich mir Österreich.
Da weiß keiner so genau, was fehlt.

STEPHAN M., VIA FACEBOOK

75 JAHRE WEISSE ROSE

2017

Danke! Eine großartige Sache, gibt mir ein Stück Glauben an die Menschlichkeit zurück!

MARTIN KRAFT, VIA FACEBOOK

WO SIND UNSERE WAFFEN?

2020

Die roten Plakate
wirken richtig bedrohlich.

REUTLINGER GENERAL-ANZEIGER

SOKO CHEMNITZ

2018

Das ist ein schwerwiegender
Anschlag auf unsere freiheitlich-
demokratische Grundordnung
und damit nach meiner Über-
zeugung eine Angelegenheit,
die durch den #Verfassungs-
schutz geprüft werden muss!
#AfD #PoliticalBeauty

JÖRG MEUTHEN (AFD), VIA TWITTER

FLÜCHTLINGE FRESSEN

2016

Mit „Flüchtlinge fressen“ piekst das Künstlerkollektiv „Zentrum für Politische Schönheit“ derzeit Berlin ins Gewissen: Sie lässt Tiger im Zentrum rumspazieren, spannt den Bundestag ein und blamiert den Senat.

ZDF HEUTE

DIE JEAN-MONNET-BRÜCKE

2015

Sicher, eine von Österreich initiierte Brücke übers Mittelmeer ist schon rein politisch gesehen der utopischste Lösungsansatz für die Flüchtlingsproblematik, den man bisher gehört hat, und Europa würde vermutlich in 100 Jahren keine 230 Milliarden Euro zur Verfügung stellen, um so ein Projekt zu verwirklichen. Trotzdem ist die Idee einer trans-mediterranen Brücke zumindest theoretisch gesehen interessant.

VICE

DIE TOTEN KOMMEN

2015

Die Aktion ist schockierend.
Viel schockierender aber
ist die Realität an den
Außengrenzen Europas.

VICE

ERSTER EUROPÄISCHER MAUERFALL

2014

Ich kann verstehen,
dass jede Möglichkeit genutzt
wird, um auf das Leid
an den EU-Außengrenzen
aufmerksam zu machen.

JÜRGEN HANNEMANN,
BRUDER VON AXEL HANNEMANN

SCHWEIZ ENTKÖPPELN

2016

Linke Stimmen haben in diesem Diskurs schon lange nichts mehr zu sagen, der einzige große öffentliche Diskurs, der in diesem Land noch stattfindet, besteht aus einem Pingpong der SVP und hyperventilierenden Medien.

DANIEL RYSER, AUTOR

FLÜCHTLINGE FRESSEN

2016

Ein Touch von Weltuntergang liegt über allem. Am Tigerkäfig läuft der Countdown. So entsteht ein Szenario der Dringlichkeit, das kein Argument, kein Zögern, keinen Widerspruch zulässt. Und das suggeriert, man stehe an einem historischen Scheideweg und müsse wählen. Eine rhetorische Taktik, die übrigens auch der „Islamische Staat“ gern benutzt. Der aggressive Humanismus der Aktionskünstler zeigt hier seine totalitäre Seite.

SÜDDEUTSCHE ZEITUNG

KINDERTRANSPORTHILFE DES BUNDES

2014

Wie so oft: Kunst polarisiert. Doch die Aktion hat deutschlandweit Aufmerksamkeit bekommen. Die Öffentlichkeit wartet nun darauf, wie die Politik reagieren wird.

DEUTSCHE WELLE

CDU BAYERN

2016

Wenn man ein Zentrum
heiraten könnte, würde ich diesem
einen Antrag machen.

SELDA KAYA, VIA FACEBOOK

75 JAHRE WEISSE ROSE

2017

Flugblätter verunsichern Diktaturen und sind heute noch notwendig. So verstehe ich diese Aktion!

WOLFGANG BENZ,
TRÄGER GESCHWISTER-SCHOLL-PREIS

DIE ZEITKAPSEL-VERSUCHE

2009

Poetischer als
die Polizei erlaubt.

DER TAGESSPIEGEL

SUCHT NACH UNS

2019

So, here's the big question: do Jews enjoy seeing the actual bones and ashes of Holocaust victims being put on display in Berlin (a Mecca for Israelis, by the way)? No, they don't.

THE JEWISH PRESS

ERSTER EUROPÄISCHER MAUERFALL

2014

Die Geschichte gehört nicht nur jenen, die sie erlebt haben. Es ist unmöglich, sie von den Zumutungen der Gegenwart abzuschirmen. Diese schlichte Tatsache hat uns die wohl wichtigste und unbequemste Gedenkaktion des Jahres vor Augen geführt.

DIE ZEIT

25.000 EURO BELOHNUNG

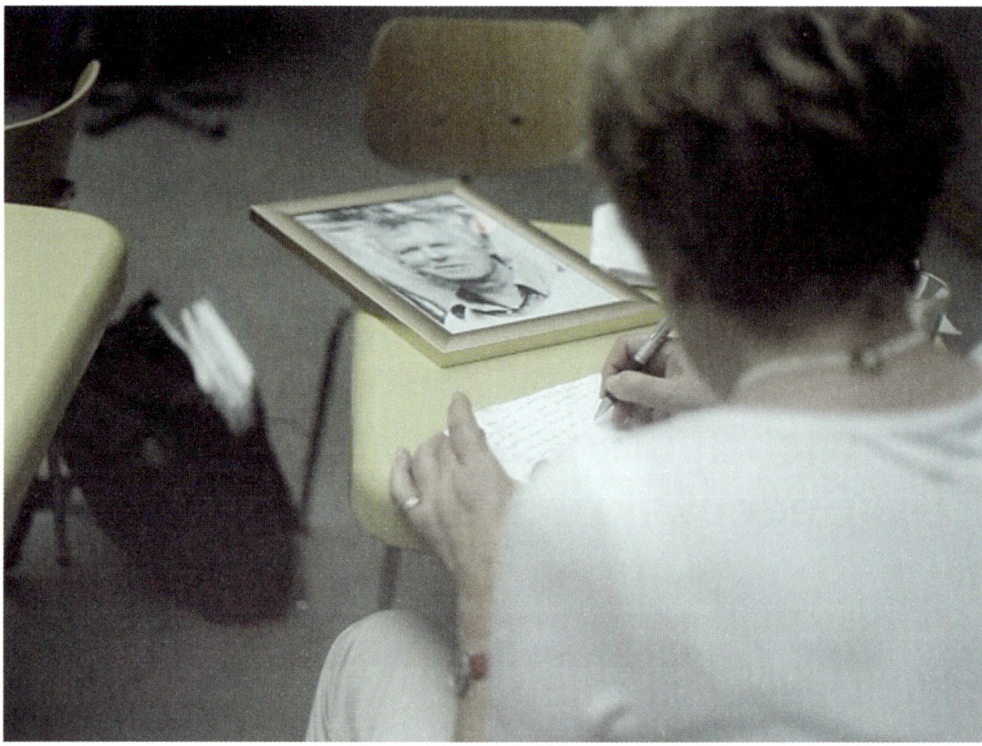

2012

„Die Entscheidung darüber, wohin deutsche Wehrtechnik exportiert wird, liegt ganz allein bei der Bundesregierung“, sagte der Sprecher. Damit hat er den Nagel auf den Kopf getroffen.

VIC, VIA TAZ

DIE JEAN-
MONNET-BRÜCKE

2015

Wieder einmal bleibt offen,
wie viel Utopie und Wirklichkeit in
diesem Projekt steckt. Fakt ist,
dass auch dieses Projekt sich
erneut klar gegen die Asylpolitik
der EU wendet.

BERLINER ZEITUNG

SUCHT NACH UNS

2019

Wir haben zwei Familienangehörige in Mauthausen verloren. Sollte ich jemals von Faschisten getötet werden und dazu noch auf so eine bestialische Weise, möge meine Asche auf die Treppen des Reichstags gestreut werden. Sodass jeder, der ein und aus geht, ein wenig davon in seine Wohnung tragen möge! Ich kann ihren Ärger nachvollziehen, denke aber dennoch, dass diese Aktion [von] meinen Vorfahren aufs Äußerste gebilligt worden wäre.

RICHARD C. SCHNEIDER, VIA INTERNET

DIE ZEITKAPSEL-VERSUCHE

2009

Eine Gruppe Passanten, so Ruch, sei ihm und seiner Kollegin beigesprungen und habe mit den Polizisten zu diskutieren versucht, deren Schulbildung sie für einen derartigen Einsatz offenbar nicht ausreichend gewappnet habe.

TELEPOLIS

SUCHT NACH UNS

2019

Und mit dem Ablegen von von Papens Grabstein soll nicht an Fehler bei der Aufarbeitung der Nazizeit erinnert werden. Das ist Vergangenheit, die kann man sowieso nicht mehr ändern. Nein, es soll für die Zukunft die CDU ermahnt werden, NIEMALS den Kardinalfehler zu begehen, mit dem Teile der CDU heute in Bezug auf die AfD durchaus liebäugeln und der erst kürzlich in Italien durch die Cinque Stelle wiederholt wurde: „In zwei Monaten haben wir Hitler in die Ecke gedrückt, dass er quietscht!"

KOMMENTAR VIA TAZ.DE

SARKOPHAG OBERNDORF

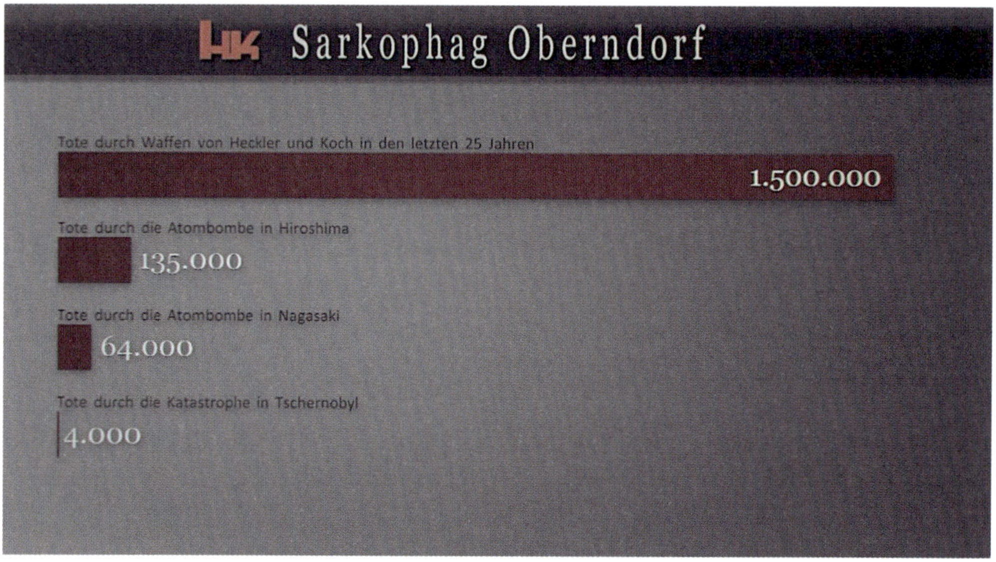

2012

Was für ein Unsinn,
eure Ideologie ist viel tödlicher
als diese Waffenfabrik.

RONNY STIFTEL, VIA YOUTUBE

DIE TOTEN KOMMEN

2015

Die Demo-Veranstalter
sollten dazu aufrufen,
den Rasen gemeinsam wieder
in Ordnung zu bringen.

FRANK STEFFEL, CDU

ERSTER EUROPÄISCHER MAUERFALL

2014

Es ist klar: Versuchten die Aktivisten, das von Hunden begleitete Polizeispalier zu durchbrechen, begänne sofort eine heftige Prügelei. So bleibt es beim Skandieren.

TAZ

DIE JEAN-MONNET-BRÜCKE

2015

Die Idee ist utopisch.
Doch sie enthält einen Kern,
der nachdenklich macht.

MITTELDEUTSCHE ZEITUNG

SOKO CHEMNITZ

2018

Wir brauchen in Chemnitz eine Kunstverbotzone!

MAIK M., VIA FACEBOOK

DIE RE-FORMATION DER GESCHICHTE

2009

Wenn Politik ein Kampf
der Worte ist, ist sie letztlich
das Geschäft der Poesie.

NINA VAN BERGEN,
ZENTRUM FÜR POLITISCHE SCHÖNHEIT

DIE CHRONIK DES 21. JAHRHUNDERTS

2009

Wie kann denn einer, der sich als moralisierender Künstler-apostel aufspielt, dem Verdacht entzogen werden, dass er dramatische Ereignisse und Themen der Menschheit nur als publizistische Surfbretter für den eigenen Ruhm missbrauchen möchte?

NILS H. KRUEGER, VIA INTERNET

SUCHT NACH UNS

2019

Das ZPS kann sich, trotz eventueller Vorwürfe der Pietätlosigkeit, darauf berufen, dass es Opfern des Holocausts und Widerstandskämpfern wie dem 1944 ermordeten Salmen Gradowski zu Lebzeiten noch gelang, Notizen zu hinterlassen, in denen sie die Nachwelt instruierten, nach ihrer Asche zu suchen und mit ihr das Gedenken an die Millionen Ermordeten wachzuhalten.

SÜDDEUTSCHE ZEITUNG

DIE CHRONIK DES 21. JAHRHUNDERTS

2009

Für das Zentrum für Politische Schönheit war die falsche Pressemitteilung nicht die erste gelungene Aktion. Auch für die [Deutsche Presseagentur] ist es nicht das erste Mal, dass sie auf eine Fälschung hineinfällt.

MEEDIA.DE

FLÜCHTLINGE FRESSEN

2016

Dies ist das Schlimmste an
der ganzen Geschichte,
der Missbrauch der armen Tiere!

FRANK B., VIA E-MAIL

DIE TOTEN KOMMEN

2015

Künstler graben auf Sizilien
Flüchtlingsleichen aus und
fahren sie unter Drogeneinfluss
nach Deutschland.

DIE WELT

ERSTER EUROPÄISCHER MAUERFALL

2014

Das eigentliche Problem sind nicht
ein paar skrupellose Künstler,
die keinen Hehl daraus machen,
dass sie die offene Gesellschaft
zerstören wollen. Das Problem ist,
dass Politik und Medien sie in
ihrem Treiben gewähren lassen.

VERA LENGSFELD, WERTEUNION

SARKOPHAG OBERNDORF

2012

Wie ein Löwe habe ich für die G36 gekämpft!

VOLKER KAUDER, CDU

SOKO CHEMNITZ

2018

Die Personen, die für diese Aktion verantwortlich sind, sind keine Künstler. Sie sind schlichtweg verachtenswert. Daran gibt es nichts zu beschönigen. Wer diesen totalitären und fanatischen Gesinnungsterror noch als Kunst verharmlost, handelt verantwortungslos. Hier muss der Rechtsstaat mit allen Mitteln einschreiten. Wehret den Anfängen!

ALEXANDER GAULAND, AFD

75 JAHRE WEISSE ROSE

2017

Die Medien rümpften die Nase
über das Spektakel.

ALEX RÜHLE, SÜDDEUTSCHE ZEITUNG

DAS HOLOCAUST-MAHNMAL VOR HÖCKES HAUS

2017

Gut gemeint, aber schlecht gemacht!

MDR

SARKOPHAG OBERNDORF

2012

Ein entwaffnetes Volk ist der
Traum jedes Despoten.

ANNETTE DROSTENBURG, VIA FACEBOOK

FLÜCHTLINGE FRESSEN

2016

Einen Moment stellt man sich vor, wie sie alle kommen würden und gaffen, wenn es wirklich blutig würde. Vielleicht ergreift uns das Spektakel ja viel mehr, als das Schicksal der Flüchtlinge weit weg in Syrien es vermag. Aber vielleicht ist auch diese entlarvende Vorstellung Teil der Inszenierung.

BERLINER ZEITUNG

SUCHT NACH UNS

2019

Menschliche Überreste findet man heute noch überall. Unser „etablierter Erinnerungsbetrieb“ mit seinen pompösen Gedenkstätten und Kranzabwurfstellen und Busparkplätzen dient dazu, uns diese Toten vom Leib zu halten. Aber die Toten sind alle noch da. Offenbar sind es Tote zweiter Klasse. Der Verein für Deutsche Kriegsgräberfürsorge hat 85.000 Mitglieder und pflegt die Gräber von über 2,7 Millionen gefallenen Soldaten beider Weltkriege auf 832 Friedhöfen in 46 Ländern.

DEUTSCHLANDFUNK

2099

2015

Der Abend ist ein kraftvoller, immer wieder aufwühlender Appell. Und er ist, da sofort vom meinungskonformen Kulturbetrieb eingemeindet, zum Scheitern verurteilt. Tierbabies kamen nicht zu Schaden. Was das ZPS immer wieder grandios beherrscht, ist, die mediale Aufmerksamkeits-hysterie aufs Glatteis zu führen.

DEUTSCHLANDFUNK

DIE SÄULEN
DER SCHANDE

2010

Was die meisten schockierte, war die Unfähigkeit der UNO, zu begreifen, wie unmoralisch sie handelte, wenn sie ständig zwischen Mördern und Vergewaltigern und jenen zu vermitteln versuchte, an denen sie sich vergingen.

DAVID RIEFF, PUBLIZIST

ERSTER EUROPÄISCHER MAUERFALL

2014

German news site “Der Spiegel” published an article pointing to the fact that at least $1.5 million will be spent on decorating their former course of the Berlin Wall with illuminated ballons Nov. 9, while refugees continue to languish in the margins due to a lack of funding and political willingness.

THE WASHINGTON POST

FLÜCHTLINGE FRESSEN

2016

Auch wenn es richtig ist, den Ball nun an das Publikum zurückzuspielen – jene, die dem Sterben im Mittelmeer zuschauen, ohne selbst davon betroffen zu sein –, bleibt unklar, wer zukünftig wo welche Verantwortung übernehmen soll. Die Bundesregierung hat sie erneut abgelehnt.

DER FREITAG

25.000 EURO BELOHNUNG

2012

Die Braunbehrens wären
nicht die erste Familie,
die das, was sie ausmacht,
nicht wahrhaben will.

DER TAGESSPIEGEL

DIE TOTEN KOMMEN

2015

Das Prinzip dieser Kunst
ist das zynische Spiel mit Realität,
wobei der Zynismus nicht von
der Berliner Künstlergruppe
ausgeht, sondern die Menschen-
verachtung der Behörden und
der politischen Entscheidungs-
träger sowie der wegsehenden
Mehrheit spiegelt.

TAZ

ERSTER EUROPÄISCHER MAUERFALL

2014

Sicherheitskräfte verhinderten
die Politkunst-Performance;
die „Revolutionäre“, wie sie sich
vielleicht ein wenig zu großspurig
nannten, sangen im Wald Lieder
und hielten eine Gedenkminute ab.

DIE ZEIT

FLÜCHTLINGE FRESSEN

2016

Die Grenzen sind aufgelöst, und was radikal daherkommt, wie die Versuchsanordnung mit großen Raubkatzen, rutscht leicht ins Banale ab. Nichts ist passiert. Alles Schwindel, falscher Alarm. Am Ende der logistisch beeindruckenden Darbietung stand eine Ente. Eine Tiger-Ente.

DER TAGESSPIEGEL

DAS HOLOCAUST-MAHNMAL VOR HÖCKES HAUS

2017

Der Spiegel ist nun mal das
Hauptinstrument der Kunst.
Seien wir froh, dass die
Berliner Künstler ihn aufgestellt
haben. Sie haben es für
Björn Höcke getan.

ARNO WIDMANN, FRANKFURTER RUNDSCHAU

SCHWEIZ ENTKÖPPELN

2016

In den letzten Tagen hatte
die Theaterleitung die Aktion noch
verteidigt mit dem Hinweis,
die künstlerische Freiheit dürfe
nicht eingeschränkt werden –
allerdings mit sichtlich
schwindender Überzeugung.

NEUE ZÜRCHER ZEITUNG

KINDERTRANSPORTHILFE DES BUNDES

2014

Die Krise der Politik ist die Krise des Westens ist die Krise der Werte ist die Krise der Moral ist die Krise der Medien ist die Krise des Internets ist die Krise der Technologie ist die Krise einer Wirtschaft, die sich selbst absolut gesetzt hat –am Beispiel Syriens kommt das alles zusammen.

GEORG DIEZ, DER SPIEGEL

SOKO CHEMNITZ

2018

Auch die Kunstfreiheit deckt solch eine „Prangerwirkung“ nicht ab. Unter anderem, weil man hier sehr tief in die Persönlichkeitsrechte eingreift. Und zwar tiefer als notwendig. Zudem sind Fahndungsaufrufe Sache des Staates.

MDR SACHSEN

FLÜCHTLINGE FRESSEN

2016

Der Tigerkäfig produzierte nicht nur medienwirksame Bilder. Er erinnerte außerdem daran, dass das europäische Verständnis von Menschlichkeit schwer angeschlagen und eigentlich nur noch für die aufrechtzuerhalten ist, die in der Flüchtlingskrise fest die Augen zudrücken. Immerhin: Für einen – viel zu kurzen – Moment rückte die gesetzlich legitimierte Unmenschlichkeit der europäischen Flüchtlingspolitik in den Fokus der Öffentlichkeit.

DER FREITAG

DAS HOLOCAUST-MAHNMAL VOR HÖCKES HAUS

2017

Von der Straße aus ist das Holocaust-Mahnmal für Björn Höcke nicht zu sehen. Erst wenn man vor seinem Haus steht, wird einem deutlich, dass man es nicht mit einer öffentlichen Demonstration, sondern mit einer geradezu intimen Schenkung zu tun hat.

BERLINER ZEITUNG

SUCHT NACH UNS

2019

Das ZPS ist eine Kunsttruppe dieser Zeit. Die Aufmerksamkeits-spanne ist kurz, wahrgenommen wird nur noch, was knallt. Was Besseres als das ZPS haben wir derzeit nicht verdient, auch wenn wir es bräuchten.

MATOTOPE, VIA ZEIT.DE

2099

2015

Toll, was Philipp Ruch dem Theater zutraut. Er schreibt, Theater sei wichtiger als die meisten anderen Kunstformen: „Theater kann Denken möglich machen … Es gibt keinen besseren sozialen Reflexionsraum als das Theater.“ Ja! Jetzt müsste er es nur noch besser einzusetzen verstehen.

SUDDEUTSCHE ZEITUNG

DIE JEAN-MONNET-BRÜCKE

2015

Ein Jahrhundertwerk
der Humanität.

HUMANISTISCHER PRESSEDIENST

SOKO CHEMNITZ

2018

Euch linken Nazis geht es noch zu gut, aber nicht mehr lange!

STEFFEN L., VIA E-MAIL

DIE ZEITKAPSEL-VERSUCHE

2009

Gedichte machen Menschen besser. Die Deutschen nehmen gerne Vitamintabletten. Aber der Wirkung von Gedichten, die den Zustand der Seele tatsächlich verbessern können, misstrauen sie.

ZENTRUM FÜR POLITISCHE SCHÖNHEIT

DAS HOLOCAUST-MAHNMAL VOR HÖCKES HAUS

2017

Hat das Zentrum für Politische Schönheit einen „zivilen Verfassungsschutz“ gegründet? Schwer zu sagen, was das sein sollte. Man könnte auch sagen, dass sie recherchiert haben. Es ist ein Unterschied der Worte, der entscheidend ist. Es ist das Maß an Genauigkeit, das zählt.

DER SPIEGEL

ERSTER EUROPÄISCHER MAUERFALL

2014

Das ist keine Kunst!
Es hat nicht das Geringste
damit zu tun, es ist nämlich
völlig unüberlegt.

BAZON BROCK,
KUNSTTHEORETIKER

FLÜCHTLINGE FRESSEN

2016

Das Innenministerium teilt mit, dass es sich bei der Aktion um eine „geschmacklose Inszenierung auf dem Rücken von Schutzbedürftigen“ handele. Das finde ich auch. Mit welchem Recht behauptet der Innenminister, dass 70 % der Flüchtlinge unter 40 Jahren vor einer Abschiebung als krank und nicht transportfähig erklärt werden? Diese Zahl ist, so hat sich herausgestellt, erstunken und erlogen. Oder anders formuliert: eine geschmacklose Inszenierung auf dem Rücken von Schutzbedürftigen.

MELY KIYAK, AUTORIN

KINDERTRANSPORTHILFE DES BUNDES

2014

Gegen die gefälschten Hilfsappelle werde man dennoch nicht vorgehen. Schwesig wollte vor Gericht keinen Streit auf dem Rücken von Kindern austragen.

BERLINER ZEITUNG

DIE SÄULEN DER SCHANDE

2010

Srebrenica ist die größte Schande in der Geschichte der Vereinten Nationen.

KOFI ANNAN,
UN-GENERALSEKRETÄR (1997–2006)

345

WO SIND UNSERE WAFFEN?

2020

Plakate, auf denen groß „Lebensgefahr“ steht, verunsichern die Leute.

SCHWARZWÄLDER BOTE

FLÜCHTLINGE FRESSEN

2016

Der grenzenlose
Selbstgerechtigkeitswahn
der Aktivisten in Sachen „Moral“,
wie sie sie verstehen,
ist schlicht unerträglich.
Und künstlerisch ist
der Mehrwert gleich null.

DEUTSCHLANDFUNK KULTUR

DIE TOTEN KOMMEN

2015

Es stellt ein Europa bloß, das
die hässlichen Folgen seiner
Verantwortungslosigkeit ignoriert.

TAZ

FLÜCHTLINGE FRESSEN

2016

Es liegt jetzt an uns: Verharren wir in der Abwehr, oder lassen wir uns ein auf den Gedankenweg, auf den diese künstlerischen Aktivisten uns führen wollen. Sagen wir: Die Aktion ist zynisch! Oder sagen wir: Die Realität unserer Gesetze, die es keinem Flüchtling ermöglicht, ohne Aufenthaltsvisum in ein Flugzeug zu steigen, sondern sie zwingt, sich auf den todbringenden Weg über das Mittelmeer zu begeben, diese Realität ist zynisch.

BERLINER ZEITUNG

CDU BAYERN

2016

Ohne die eilfertige Bericht-
erstattung würde niemand dieses
anmaßende „Zentrum“ kennen.
Das wäre wohl besser so.

GISELAMITTRUECKER, VIA DER TAGESSPIEGEL

75 JAHRE
WEISSE ROSE

2017

Streiten also kann man ja und soll man ja gern über die Aktionen des ZPS. Aber konstruktiv sollte dieser Streit eben sein, man sollte wenigstens den Versuch machen, die Kunst – und die Ambilvalenz – zu nutzen, um die eigene Gegenwart sichtbar zu machen.

GEORG DIEZ, DER SPIEGEL

DIE JEAN-MONNET-BRÜCKE

2015

Größenwahn als Kunstprojekt!

TAZ

SCHWEIZ ENTKÖPPELN

2016

Dieses Voodoo-Zäuberli ist
ein bisschen pubertär.
Am Bunten Abend mit 14
würde man das wohl subversiv
finden. Aber aufgeführt
von einer Ü30-Truppe?
Un peu tragique.

ROMAN ULRICH, VIA FACEBOOK

SOKO CHEMNITZ

2018

Die linksextreme Gruppe
Zentrum für Politische Schönheit
ruft dazu auf, Demonstrations-
teilnehmer in bester Stasi-Manier
zu denunzieren, um deren
wirtschaftliche Existenz zu
vernichten. Ein Land, in dem so
etwas „Kunst" ist und dessen
Medien dies sogar noch positiv
und unkritisch berichten,
ist krank. Die Strafanzeigen sind
richtig und notwendig.

BEATRIX VON STORCH, AFD

FLÜCHTLINGE FRESSEN

2016

Noch zynischer als die
Inszenierung scheint aber
die Realität der Reaktionen:
Die meisten kommen von
besorgten Bürgern, die um
die artgerechte Haltung
der Tiger bangen.

BAYERISCHER RUNDFUNK

25.000 EURO BELOHNUNG

2012

Vermutlich hat die Aktion des Zentrums für Politische Schönheit nur ein paar tausend Euro und viele hundert Arbeitsstunden gekostet: Der Effekt ist der einer Millionenkampagne. Chapeau!

METRONAUT

WO SIND UNSERE WAFFEN?

2020

Es ist ein Thema, das fast
zu ernst für eine künstlerische
Bearbeitung scheint.
Aber eben nur fast.

DER STANDARD

DIE TOTEN KOMMEN

2015

Die Reichstagswiese am Tag danach sieht aus, als hätten sich Maulwürfe und Freizeitkicker gemeinsam ausgetobt. Rund 100 kleine, mittlere und große Löcher samt Erdaushub sprenkeln das Grün dunkelbraun. An einer Ecke stapeln sich Holzkreuze, Schilder mit Aufschriften, ein Grabstein aus Pappmaché mit der Aufschrift „borders kill“, Grenzen töten, aber auch irgendwelcher Müll.

BERLINER ZEITUNG

KINDERTRANSPORTHILFE DES BUNDES

2014

Flüchtlings-Fake
blamiert Familienministerin.

BUNTE

373

CDU BAYERN

2016

Zwei Zentrumsmitarbeiter sind in Haft. Polizei Bayern mauert und gibt keinerlei Informationen raus! Einsatzleiter Schleicher, der sie festgenommen hat, schaut während Aktion gen Himmel zur Hebebühne und sagt zu Kollegen: „Wenn der jetzt runterfällt, ist doch alles gut!“ #cdubayern

@MUTTERWURM, VIA TWITTER

DIE JEAN-MONNET-BRÜCKE

2015

Sicher ist: Seit Christoph
Schlingensief hat Kunst aus
Deutschland nicht mehr
so brutal wehgetan und das
an den richtigen Stellen.

FM4

SUCHT NACH UNS

2019

Schon zur Eröffnung des Holocaust-Mahnmals wendeten sich Juden gegen die Instrumentalisierung der Überreste von Ermordeten. Nach jüdischem Gesetz dürfen Leichenteile nur auf jüdischen Friedhöfen bestattet werden. Die Aktion des #ZPS ist vielleicht gut gemeint, aber grundfalsch.

MERON MENDEL,
DIREKTOR DER BILDUNGSSTÄTTE ANNE FRANK

25.000 EURO BELOHNUNG

Die Zivilgesellschaft bittet um Ihre Mithilfe:
Diese Personen handeln mit schweren Kampfpanzern und gehören ins Gefängnis. Leider ist der Export von Panzern – selbst zur Unterdrückung von demokratischen Bewegungen in Saudi-Arabien oder in Bahrain – derzeit keine Straftat. Diesen Menschen, die vom Geschäft mit schweren Waffen leben, drohen keine rechtlichen Konsequenzen. Aber: gemeinsam bringen wir sie trotzdem in den Knast! Für sachdienliche Hinweise, die zur rechtskräftigen Verurteilung (ohne Bewährung) einer dieser Personen führen, loben wir eine Belohnung von € 25.000.– in bar aus.
Die Haupteigentümer sind Anthroposophen, Fotografen, Künstler, Humanisten, Lehrer, Psychologen, Alt-Linke 68er und interessieren sich nicht im Geringsten für den Scherbenhaufen, den ihr eigenes Unternehmen in der Welt anrichtet.
Aber: "Eigentum verpflichtet. Sein Gebrauch soll zugleich dem Wohle der Allgemeinheit dienen." (Art. 14 GG, 2)

Weder politischer Druck oder der mediale Aufruhr, noch eine breite zivilgesellschaftliche Allianz und selbst Strafanzeigen haben bislang etwas bewirkt. **Für niemanden – für keinen gewählten Politiker, keinen Menschenrechtler, kein Vorstandsmitglied, nicht einmal für die Generäle der Bundeswehr – ist es so einfach, die Firmenpolitik zu verändern wie für die Eigentümer.**
Wer kennt diese Personen und kann uns Hinweise auf strafrechtlich relevante Vergehen liefern (Steuerhinterziehung, Geldwäsche, Vorteilsnahme, Untreue, Kapitalanlage-/Kredit-/Subventionsbetrug, Insiderhandel, illegale Beschäftigung z.B. von Haushaltshilfen, sexuelle Belästigung, Korruption)? Wenn Sie etwas über kriminelle Machenschaften des Eigentümerclans wissen, schauen Sie nicht weg. Jeder Tip zählt – und bringt Ihnen 25.000 Euro in bar.

2012

Das Zentrum für Politische Schönheit ist der Beweis, dass Kunst nicht zwangsläufig immer reiner Selbstzweck oder das Produzieren von Dekorationsartikeln der Büros Vorstandsvorsitzender multinationaler Konzerne sein muss.

THOMAS S., VIA INTERNET

BERGUNGSARBEITEN AUF LETHE

2009

Wer den Film „Himmel über Srebrenica“ nicht gesehen hat, hat etwas verpasst!

RALF FÜCKS,
HEINRICH-BÖLL-STIFTUNG

2099

2015

„2099“ ist keine dieser Theateraufführungen, die sich damit begnügt, Fragen zu stellen. Hier werden Antworten gegeben, an denen man sich reiben kann.

DEUTSCHLANDFUNK

SUCHT NACH UNS

2019

LW-Recherchen bestätigen: Der Grabstein von Papens auf dem Wallerfanger Friedhof fehlt tatsächlich. Da, wo die etwa 130 Kilogramm schwere Steinplatte im Boden liegen sollte, klafft eine Lücke, nur die Platte seiner Frau Octavie ist noch zu sehen.

LUXEMBURGER WORT

DIE RE-FORMATION DER GESCHICHTE

2009

Aktivisten besetzten
heute Morgen 45 Minuten
die Reichstagstreppe!

104.6 RTL

DIE TOTEN KOMMEN

2015

Ich bin zutiefst bewegt, dass ihr versucht, den Toten ein Stück Würde zurückzugeben.

STEFAN LOWENTHAL, VIA INTERNET

SCHWEIZ ENTKÖPPELN

2016

Das ganze Ausmaß des intellektuellen Schiffbruchs hinter der Aktion zeigt sich darin, dass die Bevölkerung zur Mitwirkung aufgerufen wird. Wer will, kann Roger Köppel auf dem Internet per Mausklick „rechtsgültig verfluchen“.

NEUE ZÜRCHER ZEITUNG

SOKO CHEMNITZ

2018

Künstler dürfen mehr als andere, sie dürfen auch gegen den Staat vorgehen, der sie beschützt. Das ZPS aber nutzte diesen besonderen Freiraum, um Aufgaben des Staates zu übernehmen und Unterstützung anzubieten.

MONOPOL MAGAZIN

DIE TOTEN KOMMEN

2015

442 v. u. Z. wurde in Athen ein Theaterstück aufgeführt. Dessen Heldin war eine junge Frau, die sich dem Befehl widersetzte, Polyneikes dürfe nicht beerdigt werden. Es gibt darin einen Dialog zweier Frauen. Die eine sagt, sie teile zwar das Entsetzen angesichts der Anordnung, aber sie könne sich nicht dagegen entschließen. Antigone antwortet ihr: „Ich aber gehe, ein Grab aufzuwerfen." Sie tut Unrecht, um das Rechte zu tun. Unsere Hoffnung ist, dass wir auf die Toten hören, da wir ihre Schreie überhörten.

BERLINER ZEITUNG

ERSTER EUROPÄISCHER MAUERFALL

2014

Inzwischen haben wir Künstler, die kaum künstlerische Anmutung besitzen, vielmehr wie Attac- oder Greenpeace-Aktivisten vorgehen. Das muss man nicht feiern. Man kann es, wenn man romantisch veranlagt ist, bedauern. Aber man muss es aushalten. Dass Kunst überzieht. Und gar nicht mehr aussieht wie Kunst.

DER TAGESSPIEGEL

SUCHT NACH UNS

2019

Es war kritische Kunst in Perfektion, und deshalb steht es auch nicht mehr. Es war zu gefährlich. Allein der Inhalt der Machtübergabe der Konservativen an die Diktatur ist zu brisant.

FLORIAN T., VIA INTERNET

SCHWEIZ ENTKÖPPELN

2016

Fort aus Zürich!
Ohne jeden Lohn!

SCHWEIZERZEIT

DIE SÄULEN DER SCHANDE

2010

Die Aktion hat schon das
wichtigste Ziel erreicht:
über das Ritual der jährlichen
Trauerfeier in Srebrenica
hinaus die Öffentlichkeit
in Bezug auf das Massaker
zu sensibilisieren.

TAZ

CDU BAYERN

2016

Eine eher sehr bemühte Inszenierung würde man wohl in Kunstkreisen dazu sagen … Sommerloch-Theater und wenig zielführend in der momentanen Debatte. Es ist immer leicht, von außen mit dem Finger auf ein System zu zeigen. Wirkliche Veränderung geschieht aber nur von innen heraus, und da tragen die kritischeren Parteimitglieder der CSU erheblich mehr zu bei.

TEMPUS_FUGIT, VIA DER TAGESSPIEGEL

SUCHT NACH UNS

2019

Die Aktion des Zentrums für Politische Schönheit (ZPS) hätte demnach eine geniale Aktion sein können. Allein: Die Entfremdung des modernen Menschen vom Tod, und damit die Entkopplung von der Ewigkeitsfrage, war freilich nicht die Intention. Das ZPS beließ es bei makaberer politischer Agitation statt Kunst.

DIE TAGESPOST

SCHULD –
DIE BARBAREI EUROPAS

2011

Nun ist die Aufregung groß, der Film verbreitet sich schnell im Netz. Durch ihre Androhung strafrechtlicher Konsequenzen hat die Deutsche Bank den eigenen Imageschaden also wahrscheinlich eher vergrößert als eingegrenzt.

JETZT.DE

DIE TOTEN KOMMEN

2015

Dort, wo das Herz wäre,
hat Deutschland eine Alarmanlage.
Danke! Und Respekt!

KIRSTEN KRONEBERGER, VIA INTERNET

WO SIND UNSERE WAFFEN?

2020

Ich hätte nie gedacht, dass ich mal vom @BMVg_Bundeswehr als Ermittlungsbeauftragter zu Hilfe gerufen werde. Aber gut zu wissen, wonach ich Ausschau halten soll. #Waffen

MAHMUT ÖZDEMIR, SPD

ERSTER EUROPÄISCHER MAUERFALL

2014

Der Erfolg der Aktion liegt darin, den absurden Aufwand veranschaulicht zu haben, mit dem die europäische Außengrenze geschützt wird, selbst vor harmlosen Kunsttouristen. Am Ende waren es hässliche Gewissheiten, die die Aktion des Zentrums für Politische Schönheit sichtbar gemacht hat: die Ignoranz für die wahren Probleme. Statt über Tote streitet man sich über Berliner Lokalpolitik. Statt über die Grenzen der EU diskutiert man über jene der Kunst.

FRANKFURTER ALLGEMEINE ZEITUNG

FLÜCHTLINGE FRESSEN

2016

Diese Aktion ist keine Kunst, sie will nicht gefallen und ist nicht gefällig. Es ist bester Agitprop des 21. Jahrhunderts. Grausame Fantasie gegen grausame Realität.

BERLINER ZEITUNG

DAS HOLOCAUST-MAHNMAL VOR HÖCKES HAUS

2017

Ich habe daher den Innenminister gebeten, in einem Telefonat, dringend dafür zu sorgen, dass diese sogenannte Überwachung sofort beendet würde und erforderliche Ermittlungen eingeleitet werden. Ein öffentliches Interesse an Ermittlungen stelle ich im Interesse einer ungehinderten Ausübung des freien Mandats hiermit fest.

CHRISTIAN CARIUS, CDU

75 JAHRE WEISSE ROSE

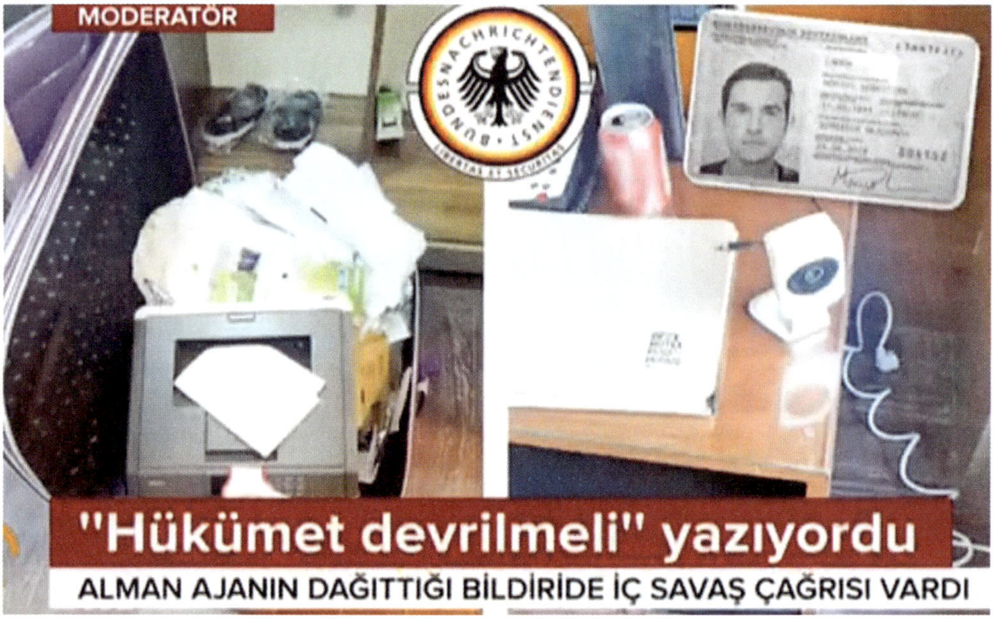

2017

Bis zur letzten Eskalations-
stufe durchkomponiert.

KLAS LIBUDA, RHEINISCHE POST

DIE TOTEN KOMMEN

2015

Pervers, unmenschlich, populistisch, arrogant, dreist. Realität kennt man in euren abgehobenen Kreisen wahrlich nicht.

SÖREN SCHWARZER, JA SACHSEN

KINDERTRANSPORTHILFE DES BUNDES

2014

Ihre Ideologie sei der „aggressive Humanismus“. Der Aggressivste ist Philipp Ruch.

DIE WELT

SOKO CHEMNITZ

2018

Der Blitz soll euch Idioten
beim scheißen treffen!

ANONYM, VIA E-MAIL

DAS HOLOCAUST-MAHNMAL VOR HÖCKES HAUS

2017

Gezieltes symbolpolitisches Stalking – schrill, anmaßend und direkt!

BERLINER ZEITUNG

FLÜCHTLINGE FRESSEN

2016

Das ist schon
wirklich großes Theater.

RBB

2099

2015

Super. Typisch stalinistischer linker Murks, alle Andersdenkenden werden interniert oder direkt ermordet. Und dann bezeichnet ihr euch noch als Weltretter mit dem dummen Spruch: „Wer, wenn nicht wir“.

FRANZ STRADAL, VIA INTERNET

25.000 EURO BELOHNUNG

2012

Ohne die Gegenreaktionen wäre die Kampagne auf linke Blogs und vereinzelte Medienberichte beschränkt geblieben – erst durch die Kritisierten entfaltete die Aktion ihre Durchschlagskraft und wurde in zahlreichen Medien, online und offline, reflektiert. Der moderne Medienprotest setzt nicht nur auf virale Verbreitung, sondern ist auch insofern kollaborativ, als dass er die Gegner zu Unterstützern macht.

DER FREITAG

SOKO CHEMNITZ

2018

Das Schönste an den Aktionen von @politicalbeauty ist die Hilflosigkeit des Publikums: Das ist Satire! Nein, Kunst! Nein, Denunziation! Nazi-Methoden! Nein, Stalinismus! Nein, Genialität! Nein, Aufklärung! Danke für die Möglichkeit, irritiert zu sein! #SokoChemnitz

FLORIAN SCHRÖDER, COMEDIAN

DIE TOTEN KOMMEN

2015

Ich war gerade in Berlin
und habe mich sofort
angesprochen gefühlt.
Es war ein sehr würdiges
Begräbnis – der Skandal ist,
dass es überhaupt
stattfinden musste.

VIKTORIA VON SCHIRACH,
SCHRIFTSTELLERIN

DAS HOLOCAUST-MAHNMAL VOR HÖCKES HAUS

2017

Das ist eine wunderbare Idee.
Die Aktion so kurz vor der
Weihnachtszeit ist eine herrliche
Bestrafung für Höcke.

LEA ROSH,
INITIATORIN DES DENKMALS FÜR
DIE ERMORDETEN JUDEN EUROPAS

2099

2015

So schmerzhaft wie sehens-
wert ist die Inszenierung.
Die schauspielerische Leistung
ist hervorragend. Eindringliche
Warnung der Zeitreisenden:
Zurückhaltung kann töten!

NORDSTADTBLOGGER

2099

2015

„2099“ ist eine Moraldusche: eine im Theater äußerst ungewöhnliche Erfahrung. Dass das mitunter intellektuelle Abwehrreflexe hervorruft, gehört zum Kalkül.

DER TAGESSPIEGEL

SUCHT NACH UNS

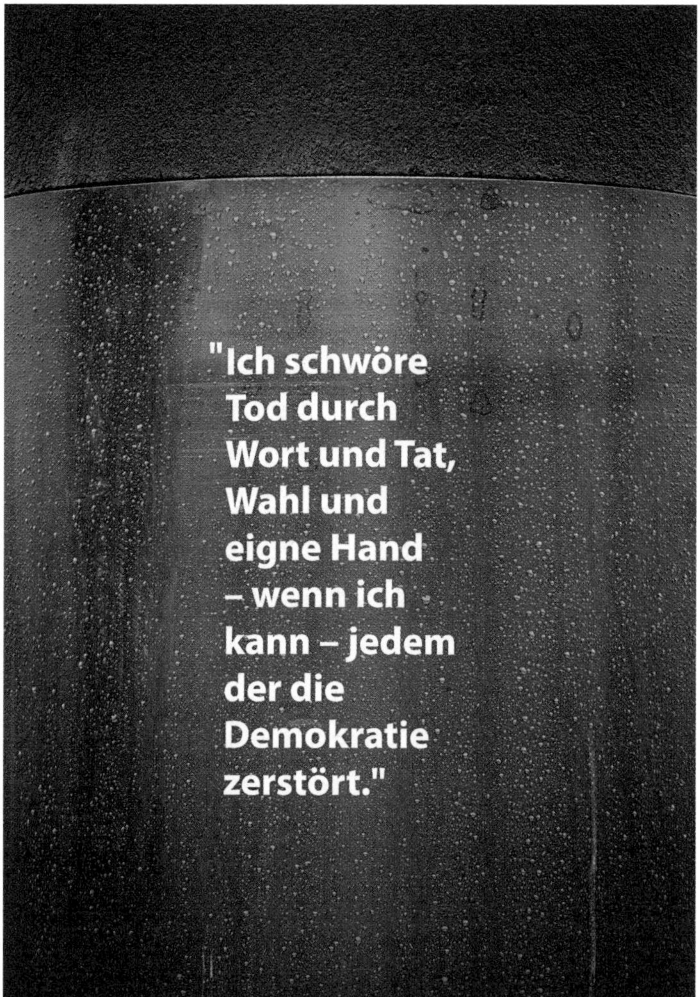

2019

Die Gedenkstätte zeige die historische Schuld der Deutschen, sich mit den Faschisten eingelassen zu haben. Das dürfe nie wieder geschehen.

RBB24

SOKO CHEMNITZ

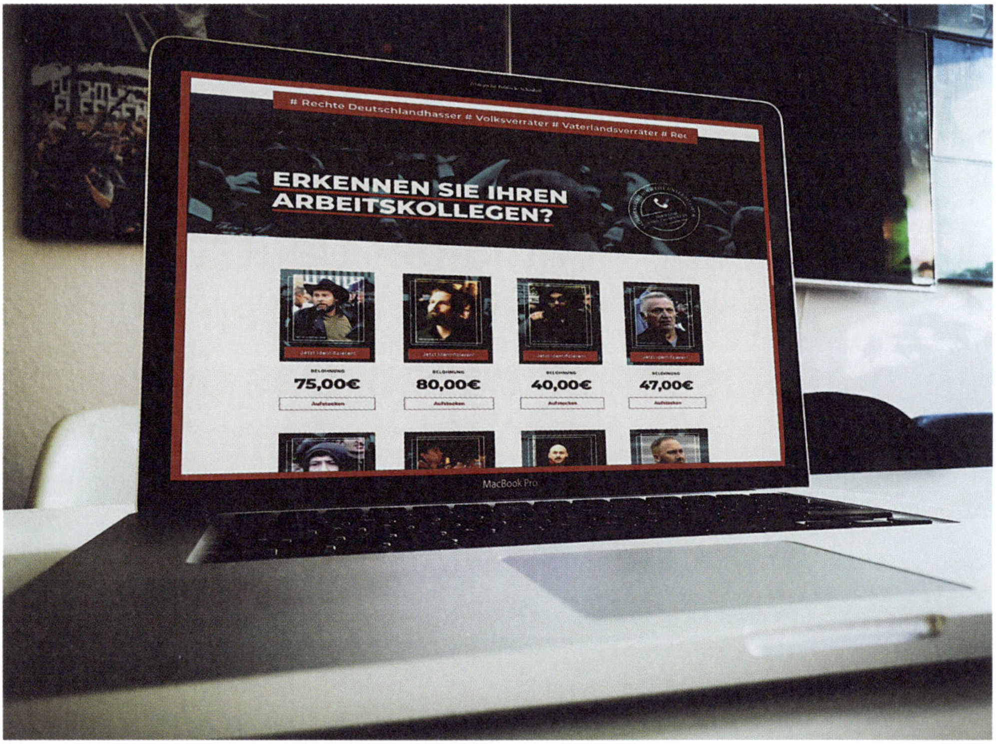

2018

Soko Chemnitz illustriert eindringlich die aktuelle Hilflosigkeit im gesellschaftlichen Gegeneinander – und die Notwendigkeit, Phrasen gegen echte Argumente zu tauschen.

FREIE PRESSE

75 JAHRE WEISSE ROSE

2017

Am Ende siegt das Misstrauen.

CHRISTIANE LUTZ, SÜDDEUTSCHE ZEITUNG

2099

2015

Die Philosophen und Aktivisten wählen krasse Methoden, um Aufmerksamkeit zu erzielen. Auch ihr Stück „2099“ – die erste Begegnung des Zentrums mit dem Stadttheater und laut eigener Aussage auch vorerst die letzte – verstört. Weil es eine radikale Utopie formuliert.

DEUTSCHLANDFUNK KULTUR

DAS HOLOCAUST-MAHNMAL VOR HÖCKES HAUS

2017

Ich kann auch in den anderen Aktivitäten des Zentrums nichts erkennen, das die Auffassung bestärkte, es sei zur Begehung von Straftaten gegründet worden.

CHRISTOPH MÖLLERS,
PROFESSOR FÜR VERFASSUNGSRECHT

WO SIND UNSERE WAFFEN?

2020

Bitte lasst es Satire sein!

CHRISTIANE ILLE, VIA FACEBOOK

DIE TOTEN KOMMEN

2015

Tote Flüchtlinge zum Gegenstand
einer Kunstaktion zu machen
ist befremdlich und pietätslos.

VOLKER BECK, BÜNDNIS 90/DIE GRÜNEN

SUCHT NACH UNS

2019

Das Mahnmal
war geschmacklos,
die Mahnung aber
offenbar angebracht.

KLAUS LEGGEWIE, BERLINER ZEITUNG

BERGUNGSARBEITEN AUF LETHE

2009

Es geht euch nicht um Menschen, es geht euch um Selbstdarstellung. Eure Kunst zeigt nur euren Egoismus. Die Antwort in alter Zeit wäre gewesen, selbst in „Sack und Asche“ Buße zu tun – ihr lasst euch dagegen beweihräuchern auf dem Altar moderner Gedankenflachheit.

THOMAS GÜNZEL, VIA INTERNET

DAS HOLOCAUST-MAHNMAL VOR HÖCKES HAUS

2017

Das ZPS kann eine Sache gut: mit Nazi-Keulen werfen. Das Problem: Sie verharmlosen die Verbrechen von Hitler-Deutschland dadurch. Wissentlich. Vorsätzlich.

AFD THÜRINGEN

ERSTER EUROPÄISCHER MAUERFALL

2014

Der Staatsschutz hatte uns übrigens gebeten, beim Wiederanbringen Schrauben zu benutzen, die nicht jeder abkriegt. Die denken da präventiv. Eine Ausnahme wäre natürlich, wenn der „Europäische Mauerfall“ zum Theatertreffen eingeladen wird. Dann müssen die Kreuze noch mal weg, das ist klar.

PHILIPP RUCH, VIA THEATER DER ZEIT

DIE TOTEN KOMMEN

2015

Das Zentrum für Politische
Schönheit ist zum Ikea der
sozialen Bewegungen geworden.
Das ist nicht immer schön,
hat aber Zukunft.

TAZ

FLÜCHTLINGE FRESSEN

2016

Rechnet noch jemand damit,
dass Präsident Gauck ein Machtwort gegen die Flüchtlingspolitik der Bundesrepublik spricht,
im Namen der Menschlichkeit?
Eher nicht. Sein Porträt hängt
zu Recht im Tigerkäfig.

TAZ

75 JAHRE WEISSE ROSE

2017

Das muss man erst mal schaffen – hunderte regimekritischer Flugblätter mitten in Istanbul, genauer gesagt am Gezipark, dem seit den Protesten 2013 politisch aufgeladensten Ort der Türkei, zu verteilen, ohne sich erwischen zu lassen.

SÜDDEUTSCHE ZEITUNG

SOKO CHEMNITZ

2018

Scheiben einwerfen!
Und Bilder raus holen, kann doch nicht so schwer sein.

UWE M., VIA INTERNET

ERSTER EUROPÄISCHER MAUERFALL

2014

Ursache für den Lärm um das
künstlerische Nichts ist die
notorische intellektuelle Selbst-
überschätzung der Theaterleute.
Ständig fühlen sie sich gedrängt,
die Welt über Dinge zu belehren,
die komplett außerhalb
ihrer Kernkompetenz liegen.

DIE WELT

DIE JEAN-MONNET-BRÜCKE

2015

Durch die glückliche Verbindung von Agitationstechniken, Medienkompetenz und Idealismus und die generalstabsmäßige Planung wird das ZPS immer mehr zum experimentellen Gestalter möglicher – wünschenswerter – politischer Zukünfte. Damit veranschaulicht es, was Kunst im besten Fall leisten kann: einen Möglichkeitsraum eröffnen, der uns im trüben (politischen) Alltag als ideeller Fluchtpunkt dient.

DER STANDARD

BERGUNGSARBEITEN AUF LETHE

2009

Auch wenn man an Europa verzweifelt: Anschauen!

BEATE ZIEGLER,
FORUM MENSCHENRECHTE

SOKO CHEMNITZ

2018

Die Aktion gefährdet den
Zusammenhalt der Gesellschaft!

ROLAND WÖLLER (CDU),
INNENMINISTER SACHSEN

DIE JEAN-MONNET-BRÜCKE

2015

Wir werden nicht umhin können, die Fiktion anzunehmen und uns zu fragen, warum denn eigentlich nicht? Das ZPS nimmt eine Erkenntnis bitter ernst: Was einmal in die mediale Wirklichkeit gesetzt ist, verschwindet nicht mehr so schnell aus ihr.

DER STANDARD

FLÜCHTLINGE FRESSEN

2016

Wer sagt, dass diese Kunstaktion zynisch oder brutal sei, der solle sich ernsthaft fragen, wie viel zynischer das von der Politik einkalkulierte Massensterben ist.

JETZT.DE

25.000 EURO BELOHNUNG

2012

Was man nun von der Aktion
der Berliner Künstlergruppe hält,
ob man sie für moralisch auch
nicht ganz in Ordnung hält, ist
Meinungssache. Aber dass es sich
zumindest lohnt, über das Thema
Waffen und Rüstungsexporte
einmal genauer nachzudenken,
ist wohl nicht zu bezweifeln.

TAGESSATZ

SCHWEIZ ENTKÖPPELN

2016

Die „Entköppelung“ war eine
sehr dumme Theateraktion.
Plump, pennälerhaft und primitiv.

DER BUND

SARKOPHAG OBERNDORF

2012

Rührt den Beton schonmal an!
Großartig!

RENKO.RECKE, VIA INDIEGOGO

75 JAHRE WEISSE ROSE

2017

Unruhestifter aus Überzeugung.

PETRA HALLMAYER, SÜDDEUTSCHE ZEITUNG

ERSTER EUROPÄISCHER MAUERFALL

2014

Kunst ist keine Geschmacksfrage! Zynisch wirkt, dass die EU auch auf deutsches Betreiben den Einsatz zur Rettung von Flüchtlingen im Mittelmeer soeben reduziert hat.

PETER VON BECKER, VIA DER TAGESSPIEGEL

DAS HOLOCAUST-MAHNMAL VOR HÖCKES HAUS

2017

Die AfD ist groß geworden durch Tabubrüche, mit ihren ständigen Grenzüberschreitungen hat sie die Grenzen des Sagbaren immer weiter verschoben. Das ZPS antwortet mit einer weiteren Grenzüberschreitung. Wo soll das hinführen? In eine Spirale aus immer neuen, immer krasseren Überschreitungen? Was steht dann am Ende? Der Bürgerkrieg?

JANA SIMON, DIE ZEIT

DIE JEAN-MONNET-BRÜCKE

2015

Es ist ein Spiel mit dem Vorstellbaren und Machbaren. Und eine Erinnerung an die Großen der Wirtschaft, Worten auch Taten folgen zu lassen.

DEUTSCHLANDFUNK

KINDERTRANSPORTHILFE DES BUNDES

2014

Ruch meint es ernst, sehr ernst, er will Druck auf die Politiker machen, er will das Thema Syrien ins Bewusstsein der Menschen bringen, er will, dass sie sich konkrete Fragen stellen danach, was sie zu tun bereit sind, um zu helfen, er will im Grunde mit seiner hyperrealistischen Aktion selbst eine Realität schaffen.

DER SPIEGEL

SUCHT NACH UNS

2019

Der in Berlin zu besichtigende „Bohrkern“ führt uns vor Augen, was wir hätten sehen oder uns hätten denken können. Auschwitz, die systematische Vernichtung, hat Spuren hinterlassen.

ARNO WIDMANN, FRANKFURTER RUNDSCHAU

WO SIND UNSERE WAFFEN?

2020

Interessant auch, dass der
rechte Pöbel hier diesmal ganz
still ist – und nicht eure Accounts
mit Kommentaren flutet, wie
bei anderen Aktionen des ZPS…
jaja, der Schuldige schweigt…

KATJA GUMBALIS, VIA FACEBOOK

75 JAHRE
WEISSE ROSE

2017

Langsam hört der Spaß auf.

FRANKFURTER ALLGEMEINE ZEITUNG

BERGUNGSARBEITEN AUF LETHE

2009

Mir fällt aber die Widersprüchlichkeit des Zentrums für Politische Schönheit auf, die einerseits Heckler & Koch zubetonieren möchten und andererseits Militäreinsätze bei Genoziden fordern. Ich finde, das ist ein Denken vom Ende der Leitung (end of the pipe) her. Nicht erst, wenn das Gift aus dem Rohr in den Fluss läuft, muss gehandelt werden, sondern schon dann, wenn das Gift entsteht.

OLAF SCHÄFER, VIA AMAZON

75 JAHRE
WEISSE ROSE

2017

Es fing als lokale Farce an
und endete mit einem Coup
in der Türkei.

ALEX RÜHLE, SÜDDEUTSCHE ZEITUNG

DIE SÄULEN DER SCHANDE

2010

Am 1. Juli sollen 16.744 Schuhe
zum Karadžić-Prozess nach
Den Haag und am 11. Juli nach
Berlin transportiert werden.
Aus ihnen wurde ein außerge-
wöhnliches Mahnmal errichtet.

MÜNCHNER WOCHENANZEIGER

FLÜCHTLINGE FRESSEN

2016

Eine ästhetische Schocktherapie.

MDR

DIE SÄULEN DER SCHANDE

2010

Die Bosnier haben ihre
Schuhe gegeben. Nun müssen
wir das Geld besorgen, damit
das Mahnmal der Schande in
Srebrenica Wirklichkeit wird.

3SAT

DAS HOLOCAUST-MAHNMAL VOR HÖCKES HAUS

2017

Der Staat gegen die Kunst:
Das gab es in Deutschland
in dieser Form wohl noch nie!

SÜDDEUTSCHE ZEITUNG

523

DIE JEAN-MONNET-BRÜCKE

2015

Es sind keine großen Industrienationen, die die Rettungsplattform ins Mittelmeer gebaut haben, sondern Berliner Aktionskünstler vom Zentrum für Politische Schönheit.

BENTO

525

SUCHT NACH UNS

2019

"Letting the dead rest" is synonymous with "forget the dead." This is especially true in this day and age, where our memory to the event is fading. People say the monument is "ugly." They are correct. But the Holocaust was ugly. They seem to want us to remember an ugly, viscous event with pleasant fields; as if the deaths of Holocaust victims are comparable to those deaths by age, accident or disease. I disagree with many of your actions but this is a badly needed, "truthful" monument. We need more pieces like it, not less.

ANONYM, VIA E-MAIL

DIE TOTEN KOMMEN

2015

Politische Pornographie!

SONJA ZEKRI, SÜDDEUTSCHE ZEITUNG

WO SIND UNSERE WAFFEN?

2020

Erschrecken mit der Wahrheit?
Ja stimmt, schämt euch.
Nächstes Mal bitte ein paar
Einhörner statt Kriegswaffen.
Oh Moment… Die Bundeswehr hat
keine Einhörner verloren, sondern
jede Menge Kriegswaffen?

@NOT_SO_SERIOUS, VIA TWITTER

SUCHT NACH UNS

2019

Der Regen legte also den Boden frei, und überall kamen weiße Knochensplitter heraus. Wir standen auf Asche. Wir standen auf menschlichen Knochen. Inzwischen ist der Humus wahrscheinlich etwas stärker geworden. Es gibt gepflegte Wege, offizielle Gedenkstätten, und die Überreste sind verschwunden. Und da sage ich: Da stimmt etwas nicht.

GÖTZ ALY, MDR

DAS HOLOCAUST-MAHNMAL VOR HÖCKES HAUS

2017

Das ZPS hat es geschafft, dass ein Ministerpräsident sich zum Teil einer Kunstaktion macht und anfängt, das ZPS für provokante Aussagen zu beschimpfen. Das ist schon großes Kino. Chapeau.

@HELLESSACHSEN, VIA TWITTER

75 JAHRE WEISSE ROSE

2017

Das ist natürlich nicht Wahrheit, sondern Kunst. Wir töten schließlich keine Tyrannen. Wir führen Kriege. Wir können sicher sein, dass Erdoğan und Putin zu uns kommen, ohne befürchten zu müssen, dass jemand sie beseitigt. Erdoğan und Salman ibn Abd al-Aziz können sich ganz darauf verlassen, dass Deutschland sie mit Waffen versorgt, die sie brauchen, um ihre eigene Bevölkerung in Schach zu halten.

BERLINER ZEITUNG

DAS HOLOCAUST-MAHNMAL VOR HÖCKES HAUS

2017

Mit § 129 wird üblicherweise gegen Rockerbanden und Drogenkartelle ermittelt. Er setzt voraus, dass besonders schwere Straftaten begangen oder geplant werden – Mord, Totschlag, Raub, Vergewaltigung, Drogenhandel. und ermöglicht einen intensiven Zugriff auf die Verdächtigen. Es entsteht so der Eindruck, dass sich die Staatsanwaltschaft Gera in Gestalt des Staatsanwalts Zschächer zu Höckes Handlanger macht. Es riecht nach Rechtsbeugung.

HERIBERT PRANTL, SÜDDEUTSCHE ZEITUNG

SOKO CHEMNITZ

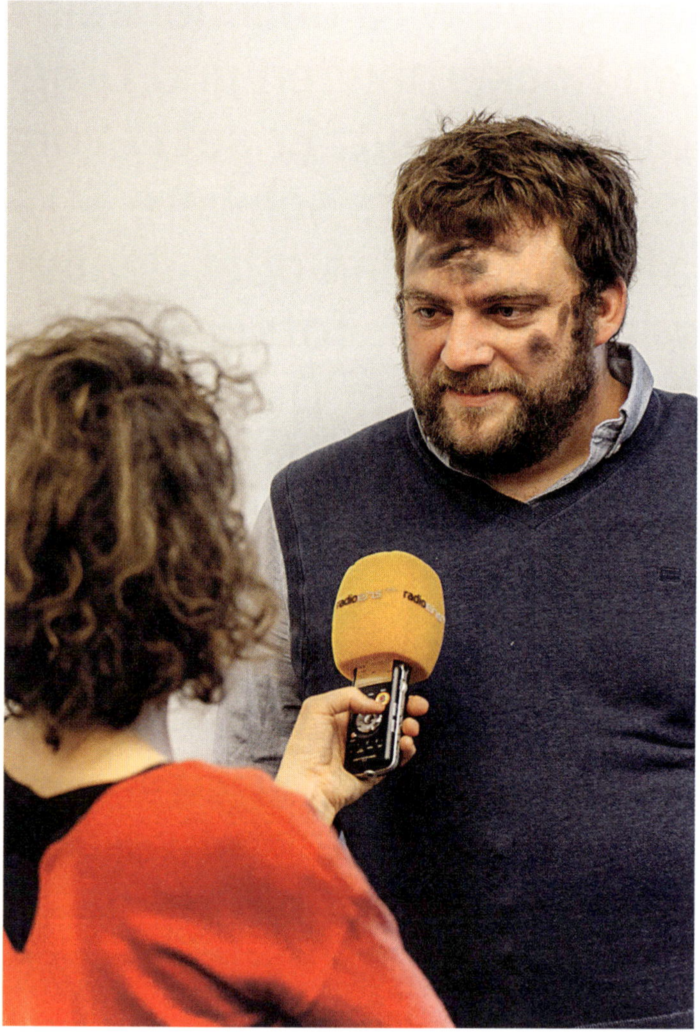

2018

Natürlich war das Ganze
nicht wirklich ein Aufruf, Rechts-
extreme zu verpetzen. Das ist
eine Künstlergruppe, deren
Aktionen nie das waren, was sie
zunächst behaupteten zu sein.
Die Kritik daran ist, dass eine
private Gruppe KünstlerInnen in
drei Tagen mehr Daten über die
rechtsextreme Szene sammeln
konnte als der Verfassungsschutz
in drei Monaten.

DER VOLKSVERPETZER

2099

2015

Die Aufregung und der mediale Wirbel um das Theaterstück „2099“ waren riesig. Angeblich sollte ein Jaguarbaby erschossen werden. Das Publikum reagiert mit Begeisterung und Ratlosigkeit.

WDR

DIE TOTEN KOMMEN

2015

Jeder an der Mauer Europas
Ermordete ist ein für uns alle
verlorener Mensch zuviel.
Nachdem die Politik diesen
Menschen zur Statistik
gemacht hat, habt ihr aus
dieser Zahl wieder einen
Menschen gemacht. Danke.

SWEN GERARDS, VIA FACEBOOK

WO SIND UNSERE WAFFEN?

2020

Man kann von so einer
Aktion halten, was man will,
aber an einem Spielplatz
geht so etwas gar nicht.

SCHWARZWALDER BOTE

KINDERTRANSPORTHILFE DES BUNDES

2014

Ab und zu verheddert sich seine Aktion in ihrer eigenen Komplexität. Weil sie ernst gemeint ist, aber eben doch nicht wörtlich. Kunst darf das natürlich: Unschärfen haben, an Gefühle appellieren, reine Geste sein. Aber die Sprache der Politik ist eine andere.

SÜDDEUTSCHE ZEITUNG

FLÜCHTLINGE FRESSEN

2016

Das Zentrum für Politische Schönheit doppelt mit seinem zirzensischen Zynismus eine zynische Politik, surft auf einer medialen Erregungswelle, verschwindet schließlich in ihren Wirbeln. Für die Sichtbarkeit und Verstehbarkeit der Welt, vielleicht für deren Veränderung, kann sie nichts ausrichten.

DEUTSCHLANDFUNK

SUCHT NACH UNS

2019

Es ist doch absurd, dass alle sich über die Asche empören und selbst darüber nachgedacht haben, dass sie überhaupt existiert. Man sollte ein würdevolles Ritual dafür finden. Und was ist falsch daran, ein Denkmal zu setzen? Es geht doch nicht darum, das ZPS zu loben oder niederzumachen. Es geht darum, zu horchen und den Klang, der aus dieser Asche emporsteigt, zu hören.

ARIELLA HIRSCHFELD, VIA INTERNET

SARKOPHAG OBERNDORF

2012

Nuklearwaffen sorgen zwar für die Schlagzeilen, aber es sind die konventionellen Waffen, die jeden Tag Menschen töten.

BAN KI MOON,
UN-GENERALSEKRETÄR (2007–2016)

SCHWEIZ ENTKÖPPELN

2016

Skandal! Unbedingt ist die wehrlose, anti-demokratische Göring-Verehrer-, Kosovaren-Schlitzer-, Zweiklassengesell-schaftsmacher-Partei SVP gegenüber dem bösen, bösen Zentrum für Politische Schönheit in Schutz zu nehmen.

JÜRG HALTER, VIA FACEBOOK

DIE JEAN-MONNET-BRÜCKE

2015

Es klingt wie ein Kindertraum: Um das sinnlose Sterben von Flüchtlingen im Mittelmeer zu beenden, soll schlicht eine Brücke gebaut werden. Glaube versetzt ja angeblich Berge – vielleicht auch Brücken. Diese Brücke würde viele Leben retten, bliebe sie kein Künstler-Traum.

EURANET PLUS

SUCHT NACH UNS

2019

Dieses Mahnmal als
unethisch zu bezeichnen,
finde ich unethisch.

FLAMING.ER, VIA INSTAGRAM

SOKO CHEMNITZ

2018

Alle spielten ihre Rollen im Empörungstheater des Zentrums für Politische Schönheit – und führten so die öffentliche Debatte vor, die wieder einmal auf Autopilot lief.

FRANKFURTER ALLGEMEINE ZEITUNG

25.000 EURO BELOHNUNG

2012

Die Gruppe [ZPS] inszeniert
seit ein paar Wochen eine
regelrechte Kopfgeldjagd.

FINANCIAL TIMES

SOKO CHEMNITZ

2018

Die Aktion ist verletzend durch ihre Arroganz. Zum einen unterstellt sie den Rechten, sie seien einfach dumm und nach allen Regeln der Kunst reingelegt worden. Zum anderen drückt sich darin die Überlegenheit der Hauptstädter aus, die den ostdeutschen Provinztölpeln einen überbraten und aus gelassener Distanz zusehen, wenn die sich anschließend zerfleischen.

DER FREITAG

DIE SÄULEN DER SCHANDE

2010

In Wahrheit ist dies das Einzige, was wir aus Srebrenica mitgenommen haben: ein kosmisches Gefühl der Verlassenheit.

EMIR SULJAGIĆ, AUTOR

FLÜCHTLINGE FRESSEN

2016

Die Aufgabe von Kunst ist nicht, bequem zu sein.

TIM RENNER (SPD),
BERLINER STAATSSEKRETÄR FÜR KULTUR (2014–2016)

25.000 EURO BELOHNUNG

2012

Bombing for peace is like fucking for virginity – an dieser einfachen Wahrheit kommen auch die ganzen Schwurbeleien der Eisenmacher nicht vorbei. Warum denkt sich Braunbehrens so einen geschraubten Quatsch aus? Warum sagt er nicht einfach: „Hey Leute, mit der Kohle lebt es sich ganz vortrefflich – und ich will nich zurück in die WG.“

MAXSIM, VIA METRONAUT

SOKO CHEMNITZ

2018

Warum schaffen die dafür existierenden, dafür bezahlten Dienststellen es nicht, vorzugehen gegen rechtsradikale Straftäter, die nicht nur mit ihrer Gesinnung, sondern auch mit ihren Taten prahlen? Das Zentrum für Politische Schönheit stelle die von ihnen abgebildeten Menschen an den Pranger, heißt es. Das stimmt, und das stimmt nicht. Wer in den sozialen Medien mit seinem Rechtsradikalismus prahlt, hat sich erst einmal selbst an den Pranger gestellt.

BERLINER ZEITUNG

ERSTER EUROPÄISCHER MAUERFALL

2014

Damit protestiert das Zentrum gegen die ritualisierten und kitschigen Einheitsfeierlichkeiten, bei denen mit Lichtinstallation und Luftballons der Tag gefeiert wird, an dem die innerdeutsche Grenze Geschichte wurde, während immer noch und immer mehr Menschen an neuen Grenzen ihr Leben riskieren.

VICE

SCHWEIZ ENTKÖPPELN

2016

Die Initianten der Kunstaktion geben sich derweil betont gelassen. Es sei das Grundanliegen, Roger Köppel „endlich ernst zu nehmen“. Die Aktion sei kein Angriff auf Köppel, im Gegenteil. „Wir halten ihn für eine zutiefst schützenswerte Person“, die vom Geist Julius Streichers befreit werden müsse.

NEUE ZÜRCHER ZEITUNG

SUCHT NACH UNS

2019

Selbst aus einer jüdischen Familie kommend, kann ich die Argumente mit der Totenruhe schwer nachvollziehen. Trotzdem finde ich es gut, dass Sie die Säule mit der Asche nun abdecken wollen, aus Rücksicht auf diese Gefühle und vor allem, weil Ihr eigentliches Anliegen von dieser Diskussion überlagert wurde, was sehr schade ist. Wenigstens reden wir jetzt über die Asche der Ermordeten, was bisher im öffentlichen Diskurs ja nicht der Fall war. Das ist die Aufregung schon wert.

ANONYM, VIA E-MAIL

ERSTER EUROPÄISCHER MAUERFALL

2014

Was die Aktion bewirkt, ist ein Beitrag zur Selbstaufklärung dieses Landes. Die Aktion behauptet nicht, dass es einfache Lösungen gäbe. Aber sie macht einen nicht gelösten Konflikt sichtbar zwischen moralischen Ansprüchen und demokratisch gewollter Realpolitik, die den massenhaften Tod von Menschen in Kauf nimmt.

PETER LAUDENBACH, TIP BERLIN

FLÜCHTLINGE FRESSEN

2016

Man kann das natürlich platt finden. Aber Fakt ist, dass die Plattheit der Reaktionen diejenige der künstlerischen Konzepte bis dato leider noch immer um ein paar sehr erhellende Grade überstiegen hat. Auch angesichts des Tigerkäfigs dauerte es keinen Tag, bis besorgte Bürger, Institutionen und Medien sich – quasi hundertprozentig nach impliziter ZPS-Storyline – eher nach dem Tierschutz erkundigten als nach dem Schutz derer, die sich von den Tieren fressen lassen sollen.

CHRISTINE WAHL, DER TAGESSPIEGEL

KINDERTRANSPORTHILFE DES BUNDES

2014

Es ist eine kleine Sensation: Nur vier Tage, nachdem die Webseite der Kindertransporthilfe des Bundes gelauncht wurde, wird das Zentrum für Politische Schönheit im Bundeskanzleramt empfangen. Bekannt war der Termin schon die ganze Woche über. Das ZPS hatte ihn im Rahmen ihrer Aktion einfach festgelegt. Am Donnerstag aber bestätigte Regierungssprecher Steffen Seibert den offiziellen Termin.

TAZ

ERSTER EUROPÄISCHER MAUERFALL

2014

Dieses Projekt ist aus Sicht der Freiheit von Kunst und Kultur nicht zu beanstanden. Es ist ehrenwert, im Zusammenhang mit dem 9. November auf die heutige Situation von Flüchtlingen aufmerksam zu machen.

KLAUS WOWEREIT (SPD),
REGIERENDER BÜRGERMEISTER VON BERLIN (2001–2014)

WO SIND UNSERE WAFFEN?

2020

Haben rechtsextreme KSK-Soldaten ein Sprengstoffdepot in der Region Ulm angelegt?

AUGSBURGER ALLGEMEINE

DIE TOTEN KOMMEN

2015

Politische Leichenfledderei!

VERA LENGSFELD, WERTEUNION

SOKO CHEMNITZ

2018

Brillant: Künstler übertölpeln Nazis zur freiwilligen Preisgabe ihrer Identität.

FUTUREZONE.DE

CDU BAYERN

2016

Jetzt trennt sich, was getrennt gehört. So viel Pathos muss sein: ein historischer Moment in der bundesrepublikanischen Geschichte.

MICHAEL SCHMITT, VIA FACEBOOK

SUCHT NACH UNS

2019

Ich weiß nur Folgendes: Die Nazis haben den Menschen in den Lagern gesagt, dass die Welt niemals mitbekommen wird, was mit ihnen passiert. Deshalb wurden diese Menschen erst zu Asche. Mein Großvater hat nie über den Holocaust gesprochen, aber es war ihm trotzdem wichtig, ein Testament in Yad Vashem zu hinterlassen und ihre Geschichten vor der Vergessenheit zu retten. Es ist einfach, Instrumentalisierung vorzuwerfen. Natürlich instrumentalisierst du die Geschichten der Opfer, damit sie nicht aussterben.

SHAHAK SHAPIRA, COMEDIAN

ERSTER EUROPÄISCHER MAUERFALL

2014

Diese sogenannte Kunstaktion ist in Wahrheit absolut geschmacklos und dumm.

SPRECHER DES REGIERENDEN BÜRGERMEISTERS VON BERLIN KLAUS WOWEREIT (2001–2014)

DIE SÄULEN DER SCHANDE

2010

Noch heute glauben viele, wenn die Welt nur vom Holocaust gewusst hätte, hätte sie auch etwas dagegen unternommen. Zwei Jahre in Bosnien haben mich eines anderen belehrt. Hätte es Bilder aus Auschwitz in der Weltpresse gegeben, hätte die Welt genauso wenig gehandelt.

DAVID RIEFF, PUBLIZIST

SUCHT NACH UNS

2019

Denke Würfel mit Asche
und Knochen als Merch
für Shoa-Denkmal-Aktion
kannste nur geil finden, wenn
du tief in deinem Herzen
1 unvollständig säkularisierte*r
Christ*in bist.

MAX CZOLLEK, VIA TWITTER

DIE CHRONIK DES 21. JAHRHUNDERTS

2009

Wie geil ist das denn?
Na, wenn da nicht mal die
YES-Men einen deutschen
Ableger haben. Hammer!

TANTETRUDEAUSBUXTEHUDE, VIA NETZPOLITK.ORG

SUCHT NACH UNS

2019

Eine Diskussion ist jedenfalls besser als ein Vakuum. Empörung ist billig, Auseinandersetzung kostet etwas mehr. Also legt los.

DEBORAH FELDMAN, AUTORIN

WO SIND UNSERE WAFFEN?

2020

Die #Bundeswehr kann nicht auf ihre Waffen aufpassen und macht ein Gewinnspiel draus? Aufatmen. Es IST Satire. Jedenfalls das Gewinnspiel.

NIKE LEONHARD, VIA TWITTER

25.000 EURO BELOHNUNG

2012

Seit Wikileaks' Anfangserfolgen hat mich keine demokratie-korrigierende Aktion im Internet mehr so fasziniert!

WILLI F., VIA INTERNET

KINDERTRANSPORTHILFE DES BUNDES

2014

Wenn die Medien in der Beschreibung der Wirklichkeit versagen, hilft vielleicht nur noch eine moralische Manipulation der Wirklichkeit, um die Wahrheit zu erzählen.

DER SPIEGEL

75 JAHRE WEISSE ROSE

2017

Die Schüler wird's freuen. Endlich mal keine Märchenstunde mit Ludwig II., kein Schenkelklopfen, kein Goaßlschnalzen und kein Aufsatz über die Rosenheim Cops. Sondern Bambule. Widerstand eben.

KARLEN VESPER, NEUES DEUTSCHLAND

DIE JEAN-MONNET-BRÜCKE

2015

Es liest sich wie ein modernes Märchen: Die Republik Österreich errichtet eine gewaltige Brücke von Nordafrika nach Europa, um das sinnlose Sterben im Mittelmeer zu beenden.

RBB

SOKO CHEMNITZ

2018

Die Aktion ist richtig, weil sie auf das Staatsversagen in und nach Chemnitz aufmerksam macht.

TAZ

DAS HOLOCAUST-MAHNMAL VOR HÖCKES HAUS

2017

Schäbiger Angriff
mit übelsten Stasi-Methoden.

PETER LAUDENBACH, ZITTY

75 JAHRE WEISSE ROSE

2017

Eine wichtige Lehre ist die Freiheit der Kunst, damit Politiker nie wieder in die Versuchung kommen zu bestimmen, was sie für zustimmungsfähig definieren, um damit ihre Politik zu illustrieren, während andere Kunstformen unterdrückt oder gar vom Staatsschutz verfolgt werden, wie gerade das Zentrum für Politische Schönheit.

DER SPIEGEL

DIE TOTEN KOMMEN

2015

Das Verbot der Mitnahme
des Baggers ist alternativlos.

LANDESKRIMINALAMT BERLIN

CDU BAYERN

2016

Man muss als Bayer erst mal
ins deutsche Ausland, um zu
verstehen, dass Behörden,
Ministerien, Gerichte und letztlich
die Polizei normalerweise
NICHT direkt einer Partei
unterstellt sind. #miasanmia
#cdubayern #PolizeiSASS

@DIESELREGEN, VIA TWITTER

KINDERTRANSPORTHILFE DES BUNDES

2014

Eine drastische Kunstaktion!

DER SPIEGEL

WO SIND UNSERE WAFFEN?

2020

Man denkt mittlerweile
täglich: NOCH tiefer kann dieses
Land nicht sinken. Täglich.

JAN SIEVERS, VIA FACEBOOK

DIE RE-FORMATION DER GESCHICHTE

2009

Die „Re-Formation“ der Geschichte, das war Ruchs Gedanke dahinter – poetisch und symboltriefend. Das ZPS spielt mit der Ideengeschichte und kodiert politische Orte um.

BERLINER ZEITUNG

KINDERTRANSPORTHILFE DES BUNDES

2014

Nicht fehlen darf auch der „Sexappeal“, sprich: der öffentliche Einsatz von jungen, gut aussehenden Frauen. Im Gegensatz zu feministischen Initiativen treten sie jedoch meist angezogen auf.

DIE WELT

SUCHT NACH UNS

2019

Ich denke, es wäre sehr notwendig
und sehr sinnvoll, dass man sich
in diesem Lande darüber unterhält,
wie man mit diesen Resten
der Menschen umgeht, die auf
brutale Art und Weise von
den Nazis ermordet wurden.

WOLFRAM KASTNER, BAYERISCHER RUNDFUNK

ERSTER EUROPÄISCHER MAUERFALL

2014

Ich finde die Aktion absolut zu verachten! In der wahnsinnigen Aufgabe des Mauerfalls haben wir Deutsche über ein totalitäres System diskutiert, das bei uns stattgefunden hat. Das in einen Zusammenhang zu setzen, finde ich eine schlimme Aktion.

ANDREAS SCHEUER, CSU

DIE TOTEN KOMMEN

2015

Der Marsch der Entschlossenen markiert den künstlerischen Quantensprung des [ZPS]: Plötzlich fiel der Zaun. Und 5.000 Menschen drehten sich fast gleichzeitig in einer weichen Bewegung und nahmen die Reichstagswiese in Besitz. Der Zaun, den man in Bulgarien nicht durchschneiden konnte, er fiel in Berlin. Die Gräber konfrontierten nicht mehr das Kanzleramt, sondern den Bundestag als den Ort, an dem eine neue Flüchtlingspolitik erdacht und entschieden werden muss.

CHRISTIAN RÖMER,
HEINRICH-BÖLL-STIFTUNG

KINDERTRANSPORTHILFE DES BUNDES

2014

Es wirkt provozierend,
wenn das moralische System
beim Wort genommen wird.
Das Gedenken des Holocausts
werde durch die politische
Teilnahmslosigkeit angesichts
des Sterbens der syrischen
Bevölkerung annulliert.

BERLINER ZEITUNG

ERSTER EUROPÄISCHER MAUERFALL

2014

Während also an der Spree mit der schwülstigen Aktion „Lichtgrenze“, bei der erleuchtete Heliumballons die Mauer symbolisieren sollen – Kosten: mehr als eine Million Euro –, das politische Fanal des Mauerfalls komplett entpolitisiert wird, lenkt das Zentrum für Politische Schönheit die Aufmerksamkeit auf das, was die Lehre, die Botschaft, die Verpflichtung auch sein könnte von 25 Jahre Mauerfall.

DER SPIEGEL

FLÜCHTLINGE FRESSEN

2016

Die Drastik der Mittel ließ
keinen Zweifel: alles „nur“ Kunst.
Und doch lancierte das ZPS
die Frage nach der Universalität
der Menschenrechte mit
einer erfrischenden Naivität,
wie sie sich Mandatsträger
selten erlauben.

NEUES DEUTSCHLAND

SUCHT NACH UNS

2019

Erst dieses unspezifische Braun, das dann zur großen Bedrückung wird, zur Masse, in der man plötzlich wirklich noch Knochen ausmacht, die man gerade eben nicht gesehen hatte. Oder nicht sehen wollte.

SÜDDEUTSCHE ZEITUNG

KINDERTRANSPORTHILFE DES BUNDES

2014

Eine großartige Aktion!

ZDF ASPEKTE

75 JAHRE
WEISSE ROSE

2017

Die Aktivisten haben einen wunden Punkt getroffen. Sie ließen Flugblätter auf den Gezi-Park los, ohne dass ein einziger Mensch gefährdet wurde – in einem Land, in dem ein totalitäres Regime Tausende von Menschen entmündigt und einsperrt. Auf den Kunstfestivals haben wir lange nicht mehr so eine raffinierte Aktion erlebt.

DIE WELT

ERSTER EUROPÄISCHER MAUERFALL

2014

Diese Aktion setzt Mut und Fantasie gegen Unmenschlichkeit und bürokratische Fantasielosigkeit. Sie verbindet das Gedenken an die Berliner Mauer mit der aktuellen Realität von verzweifelten Flüchtlingen, die sich gegen die Barrikaden und Stacheldrahtzäune werfen. „Der Mensch war um diese Zeit nichts mehr, ein gültiger Pass alles." Diese Beschreibung von Flüchtlingsschicksal ist aktueller denn je in einem Europa, das sich gegen Flüchtlinge abschottet und den Tod von Menschen auf der Flucht billigend in Kauf nimmt.

ERICH MARIA REMARQUE GESELLSCHAFT

DIE SÄULEN DER SCHANDE

2010

Hoffen wir darauf, dass die alten, reifen Völker Europas nicht nur die Tage des Ruhmes, sondern auch die Nächte der Schande der eigenen Geschichte im Gedächtnis zu behalten imstande sind.

BOGDAN BOGDANOVIC, VIA INTERNET

DIE TOTEN KOMMEN

2015

Darf man tote
Flüchtlinge überführen und
sie hier begraben? JA.

BILD

SUCHT NACH UNS

2019

Warum „empört" sich eigentlich niemand über jüdische KZ-Gebeine unter Kartoffeläckern? Oder über Waldstücke voll verscharrter Knochen aus Massenexekutionen? Zu anstrengend? Da müsste „man" Arbeit reinstecken? Dann doch lieber Aktivisten diffamieren. Geht bequem vom Sofa aus! #ZPS

MYRIAM, VIA INTERNET

FLÜCHTLINGE FRESSEN

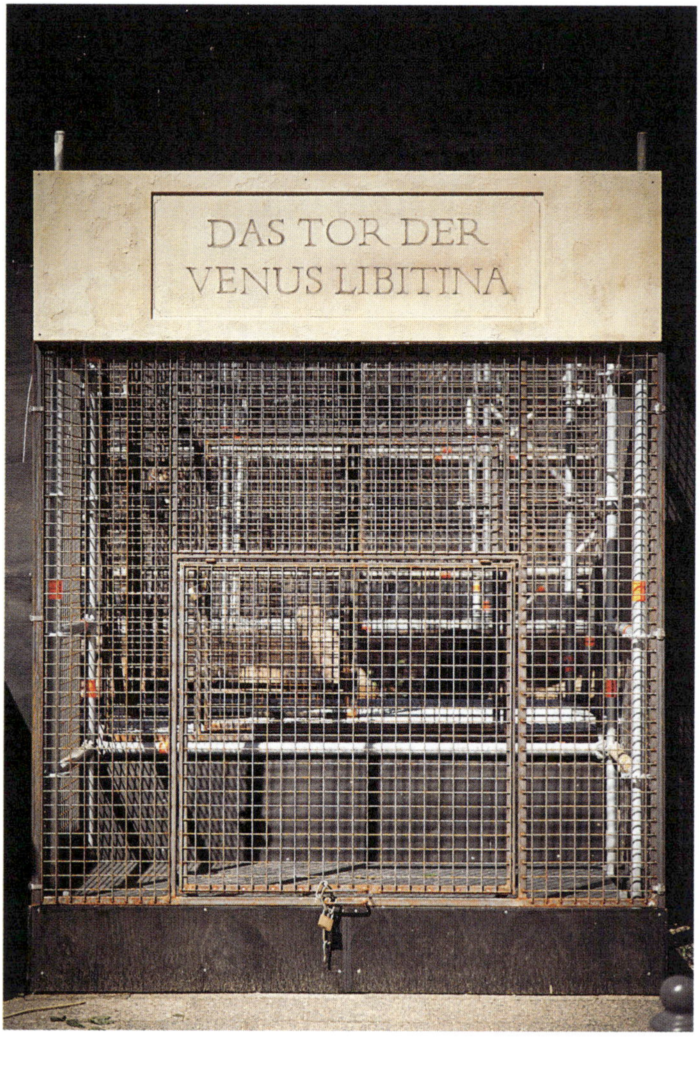

2016

Was soll das sein? Ohnmacht, Wut, totale Verzweiflung? Die zynisch-barbarische Verkehrung unserer barbarisch-zynischen Wirklichkeit? Das Problem der ZPS-Ästhetik ist, dass man ihr erst glauben kann, wenn etwas passiert und die Tiger einem Flüchtling öffentlich den Kopf abbeißen. Dann herrschten in Deutschland tatsächlich Verhältnisse wie im alten Rom oder zumindest wie in Zeiten der RAF. Das will niemand. Und so wird es bis auf Weiteres beim symbolischen Kunst-Geplänkel bleiben, Flüchtlinge hin oder her.

DIE ZEIT

FLÜCHTLINGE FRESSEN

2016

Die neueste Aktion produziert
schon, bevor sie startet,
Gegenreaktionen. Sie ist, wie alle
Aktionen des Zentrums für
Politische Schönheit eine,
die uns einen Spiegel vorhält.
Einen, in dem wir uns nicht wieder-
erkennen mögen.

BERLINER ZEITUNG

75 JAHRE
WEISSE ROSE

2017

Eine riesige und abscheuliche Ablenkung von der eigenen politischen Problematik. Die schicken unsere Kinder in sogenannte „Diktaturen“, um Flugblätter gegen die dortigen Regierungen zu verteilen.

@MUTTERWURM, VIA TWITTER

DIE JEAN-MONNET-BRÜCKE

2015

Das neue Video von
Political Beauty hat alles,
was das heute so besonders
deprimierte Herz eines
Österreichers höher
schlagen lassen dürfte.

DE-BUG.DE

SUCHT NACH UNS

2019

Haben Sie Kinder? Haben Sie Eltern? Wünschen Sie diesen Menschen einen ähnlich furchtbaren Tod? Möchten Sie, dass die Überreste dieser Verwandten im Dienste irgendwelcher politischen Aktionen öffentlich zur Schau gestellt werden? Sind Sie überhaupt fühlende Menschen? Ich bezweifle es.

ANDREAS K., VIA E-MAIL

DAS HOLOCAUST-MAHNMAL VOR HÖCKES HAUS

2017

Es gibt in Thüringen auch welche, die sagen, sie seien dankbar für die Aktion. Solcher Protest könne nur von außen kommen. Würde das ein Bornhagener wagen, er wäre sozial erledigt.

DER TAGESSPIEGEL

WO SIND UNSERE WAFFEN?

2020

Belohnung ändern
auf 10.000 Reichsmark.

MAXIM W., VIA FACEBOOK

SUCHT NACH UNS

2019

Mir wäre eine schwarz-blaue
Regierung tausend Mal lieber,
als ein Ruch, der sich der Asche
meiner Vorfahren „annimmt“.

STEFAN JOEL HOLFERT, VIA FACEBOOK

CDU BAYERN

2016

#ichbinCSU – ich verehre verwirrte alte Männer und befördere sie in die höchsten Ämter – ich nehme als kleine Regionalpartei ein ganzes Land in Geiselhaft – ich versuche die rechtsextreme AfD noch weiter rechts zu überholen – #cdubayern

@PIZZAHAWAII42, VIA TWITTER

FLÜCHTLINGE FRESSEN

2016

Ich habe das als richtig empfunden, dass in dieser blutigen Zeit das Theater nicht in den schönen Schein ausweicht, sondern versucht, Realität aufzugreifen.

CLAUS PEYMANN,
INTENDANT DES BERLINER ENSEMBLE (1999–2017)

SCHWEIZ ENTKÖPPELN

2016

Lauter in ihrer Religion gefestigte Menschen, die Angst vor einer Theatertruppe haben – das gibt zu denken. Vielleicht doch mal die Götter wechseln?

ULF MORITZ, VIA FACEBOOK

75 JAHRE
WEISSE ROSE

2017

Diese Aktion ist so gelungen, weil sie den Raum der Kunst radikal erweiterte und die Diskussion über das Gedenken selbst zu einem Kunstwerk machte, das man nach den Regeln der Kritik beschreiben konnte – eine Sprache also, die sich dem Raum der Politik entzieht.

DER SPIEGEL

KINDERTRANSPORTHILFE DES BUNDES

2014

Welche Moral erlaubt uns, nicht
zu helfen, nicht einmal Kindern?
Diese Frage nimmt nicht länger
die Opfer, sondern die potenziellen
Helfer in die Verantwortung.
Natürlich nur rhetorisch.
Mehr kann eine Kunstaktion
nicht leisten.

TAZ

CDU BAYERN

2016

Es handelt sich auch hier um eine Partei in einem demokratischen Rechtsstaat und sog. Aktivisten, mögen sie sich, vermeintlich intelligent, noch so charmante Namen geben, präsentieren sich hier letztlich nur als Anti-Demokraten.

HANNIBAL, VIA DER TAGESSPIEGEL

SUCHT NACH UNS

2019

Kunst als Peitsche der Gesellschaft, so kann man es auch sehen.

WOLLE BECKER, VIA FACEBOOK

SARKOPHAG OBERNDORF

2012

Ich glaube, es reicht nicht, nur H&K einzubetonieren, aber es ist ein perfekter Anfang.

SUSANNE DREES, VIA FACEBOOK

SOKO CHEMNITZ

2018

Mit Aktionskunst hat dieses Denunziationsportal nichts zu tun. Es ist die reinste Verleumdung. Das Sachsen-Bashing und die Gesinnungsschnüffelei haben hier einen traurigen Höhepunkt gefunden.

SEBASTIAN WIPPEL (AFD),
MITGLIED DES SÄCHSISCHEN LANDTAGS

25.000 EURO BELOHNUNG

2012

Die Waffenfirma stand ratlos da. Mit Kampagnen gegen das Unternehmen kennen sich Rüstungskonzerne aus. Sie stehen seit Jahren im Fokus und machen das, was sie immer tun: beobachten, totschweigen, aussitzen. Doch dieses Mal war die Überraschung zu groß, die Kampagne zu radikal, der Ansatz zu neu.

NETZPOLITIK.ORG

DAS HOLOCAUST-MAHNMAL VOR HÖCKES HAUS

2017

Wie Sie alle wissen, ist Björn Höcke Opfer einer widerwärtigen Aktion gewesen, die an dunkelste Zeiten unserer Geschichte erinnert. Der AfD-Landesverband Thüringen möchte alles in seiner Kraft stehende unternehmen, um Björn Höcke vor einer weiteren Nötigung zu schützen. Doch dazu brauchen wir Ihre Hilfe. Die Eigenmittel unserer Partei sind nicht annährend vergleichbar mit denen unseres Gegners. Jede Spende, sei sie noch so klein, hilft! Machen wir diesen Übeltätern einen dicken Strich durch die Rechnung.

AFD THÜRINGEN

ERSTER EUROPÄISCHER MAUERFALL

2014

Dass der Berliner Innensenator und die Kulturstaatsministerin nicht den Unterschied zwischen Kriminalität und politischer Kunst kennen, ist nicht nur eine Lächerlichkeit, sondern zwingt einen geradezu zu sagen: Willkommen in der DDR! Wann hat es so etwas das letzte Mal gegeben, dass ein Innensenator einer Theaterdirektorin droht? Wie nennen wir solche Systeme, in denen das geschieht?

MELY KIYAK, AUTORIN

WO SIND UNSERE WAFFEN?

2020

Es wurde so viel Mühe in diese Aktion gesteckt, mit so viel Liebe zum Detail gearbeitet, dass nahezu jeder, der sich mit dem Thema beschäftigt, ganz kurz denkt: „Moment, ist das jetzt vielleicht doch ernst gemeint?“

MAENNERSACHE.DE

DAS HOLOCAUST-MAHNMAL VOR HÖCKES HAUS

2017

Weshalb wir das ZPS als kriminell bezeichnen: Nötigung von Höcke, Nötigung der Familie, Hausfriedensbruch, Bildung einer kriminellen Vereinigung, Verletzung des höchstpersönlichen Lebensbereiches und Briefgeheimnisses, Nachstellung.

AFD THÜRINGEN

KINDERTRANSPORTHILFE DES BUNDES

2014

Die Festnetznummer der Kindertransporthilfe des Bundes ist zurzeit wegen Überlastung nicht zu erreichen. In den letzten Tagen haben viele Menschen angerufen, die ein Kind aus den syrischen Krisengebieten zeitweise in ihren Haushalt aufnehmen würden, um temporär ein Leben ohne Granateneinschläge und Krieg zu ermöglichen.

TELEPOLIS

SOKO CHEMNITZ

2018

Honeypot nennt sich die Methode, mit der ein Ziel – in diesem Fall Nazis – sowohl abgelenkt als auch in die Falle gelockt werden sollen. Im Fall von „Soko Chemnitz“ scheint die Falle erfolgreich zugeschnappt zu sein.

BERLINER ZEITUNG

SCHULD – DIE BARBAREI EUROPAS

2011

Der Pressesprecher der Deutschen Bank hätte vielleicht einmal googeln sollen, bevor er Interviews gibt. Dann hätte er erfahren, dass das Zentrum für Politische Schönheit keine konventionellen Interviews macht, in denen die Gesprächspartner sich selber produzieren können. Bei dem Zentrum handelt es sich nämlich um eine Schnittstelle zwischen Aktionskunst und Politaktivismus. Spätestens mit ihrer versuchten Versteigerung der Bundeskanzlerin wurde es zu einem Medienthema.

TELEPOLIS

ERSTER EUROPÄISCHER MAUERFALL

2014

Ein respektloser Akt gegenüber dem Gedenken an die Mauertoten.

MONIKA GRÜTTERS (CDU),
KULTURSTAATSMINISTERIN

BERGUNGSARBEITEN AUF LETHE

2009

Eindrücklich formt der Film eine Antwort darauf, wie Srebrenica hätte verhindert werden können und was für die Zukunft der Menschheit daraus gelernt werden muss.

CHRISTIAN SCHWARZ-SCHILLING, CDU

2099

2015

Einen Jaguar erschießen?
Stellt euch mal in Linie zu einem Glied auf und ich knalle euch alle samt ab. Ihr habt doch einen DACHSCHADEN!!!!

HARALD MEIER, VIA INTERNET

DAS HOLOCAUST-MAHNMAL VOR HÖCKES HAUS

2017

Das Zentrum für Politische Schönheit ist keine Künstlergruppe. Sie ist eine kriminelle Vereinigung. Ja, sie ist eine terroristische Vereinigung.

BJÖRN HÖCKE, AFD

75 JAHRE
WEISSE ROSE

2017

Ich glaube, dass die deutsche Diplomatie die Hände über dem Kopf zusammenschlägt. Aber das ist wiederum nicht das Problem des ZPS.

ELKE BUHR, MONOPOL MAGAZIN

KINDERTRANSPORTHILFE DES BUNDES

2014

Das Familienministerium reagierte zunächst zurückhaltend. Man habe mit der Aktion nichts zu tun, plane aber keine juristischen Schritte gegen die Gruppe. Doch die Strategie des Aussitzens ging nicht auf. Denn die Aktivisten hatten weitere Aktionen vorbereitet. Eine davon war ein Aufmarsch vor dem Kanzleramt mit Lamme und einem weiteren Holocaust-Überlebenden. Das Bild von abgewiesenen Opfern des Nationalsozialismus wollte man im Kanzleramt dann offenbar nicht riskieren.

DIE WELT

BERGUNGSARBEITEN AUF LETHE

2009

Wie häufig wurde nach 45 dieses „Nie wieder" gepredigt, und wie häufig wurde doch weggeguckt? Dies ist ein Dokument des „Nie-wieder"-Sagens-und-es-doch-wieder-Zulassens-und-Wegschauens. Bosnien und Srebrenica bleiben hoffentlich ein Mahnmal des Nicht-Wegschauens, und dies ist ein wichtiges Zeitdokument dafür.

PHOBOS, VIA AMAZON

ERSTER EUROPÄISCHER MAUERFALL

2014

Eine verabscheuungswürdige Tat!

FRANK HENKEL (CDU),
BERLINER INNENSENATOR (2011–2016)

729

25.000 EURO BELOHNUNG

2012

Lieber die paar Menschen
an den Pranger, als ein ganzes
Volk vor die Panzer.

JULIAN FU, VIA FACEBOOK

731

FLÜCHTLINGE FRESSEN

2016

Die Story erzählt von Menschen, die im Meer ertrinken, weil sie keine sicheren Verkehrsmittel benutzen dürfen. Nun kommt das ZPS und erklärt sich für nicht einverstanden. Keine zwei Tage später twittert der Innenminister. Die BILD lässt Behördenleiter vom Grünflächenamt verrücktes Zeug erzählen. Und am Donnerstag wird im Bundestag § 63 diskutiert. Ja, es ist Kunst. Kunst, die uns erzählt, wo das eigentliche Theater stattfindet.

MELY KIYAK, AUTORIN

DAS HOLOCAUST-MAHNMAL VOR HÖCKES HAUS

2017

Mir war bislang
nicht bewusst,
dass Kunst Menschen
schaden darf!

SILVIA R., VIA INTERNET

DIE JEAN-MONNET-BRÜCKE

2015

Vielleicht müssen wir alle
nur fest genug daran glauben,
um eine sichere Fluchtroute
nach Europa wahr werden zu
lassen. Das Zentrum für Politische
Schönheit macht es uns auf
jeden Fall vor.

PRESSENZA

BERGUNGSARBEITEN AUF LETHE

2009

Es gab keinen Genozid
in Srebrenica. Das entstammt
westlicher Propaganda
für Dumme.

•YONDU• ORC, VIA YOUTUBE

DAS HOLOCAUST-MAHNMAL VOR HÖCKES HAUS

2017

Der Landrat des Eichsfeldes,
Werner Henning von der CDU,
findet deutliche Worte.
Er bemängelt, dass AfD-Politiker
Höcke einerseits Bornhagen
als sein Bullerbü bezeichne und
andererseits mit seiner scharfen
politischen Rhetorik das Unheil
ins Dorf trage. „Das halte ich
für ungeheuerlich. Er möge
bitte Rücksicht nehmen auf
andere Menschen, die ihm
genau diesen Schutz gewähren,
den er anderenorts offenbar
so überhaupt nicht mehr findet“,
sagt Henning.

MDR

DIE TOTEN KOMMEN

2015

Ganz schön harter Tobak.
Ihr Hauptziel erreicht das Zentrum für Politische Schönheit wohl schon vor der ersten Beerdigung: eine Diskussion über die Toten an den EU-Außengrenzen.

BAYERISCHER RUNDFUNK

CDU BAYERN

2016

Das stimmt doch gar nicht.
Das „C“ und das „S“ konnten es an der Parteizentralenwand nicht mehr aushalten, weil sie sich nur noch geschämt haben. Und da hat halt die Schwesterpartei ausgeholfen, in der Hoffnung, die doofen Bayern merken das nicht. Immer diese nazikommunistisch-grünlinksrechtsversifften Fake-News!!!

OLAF BLUMBERG, VIA FACEBOOK

25.000 EURO BELOHNUNG

2012

Die Aktion ist einfach
nur krank, wer sowas macht,
gehört weggesperrt!

SINA, VIA TAZ

DIE SÄULEN DER SCHANDE

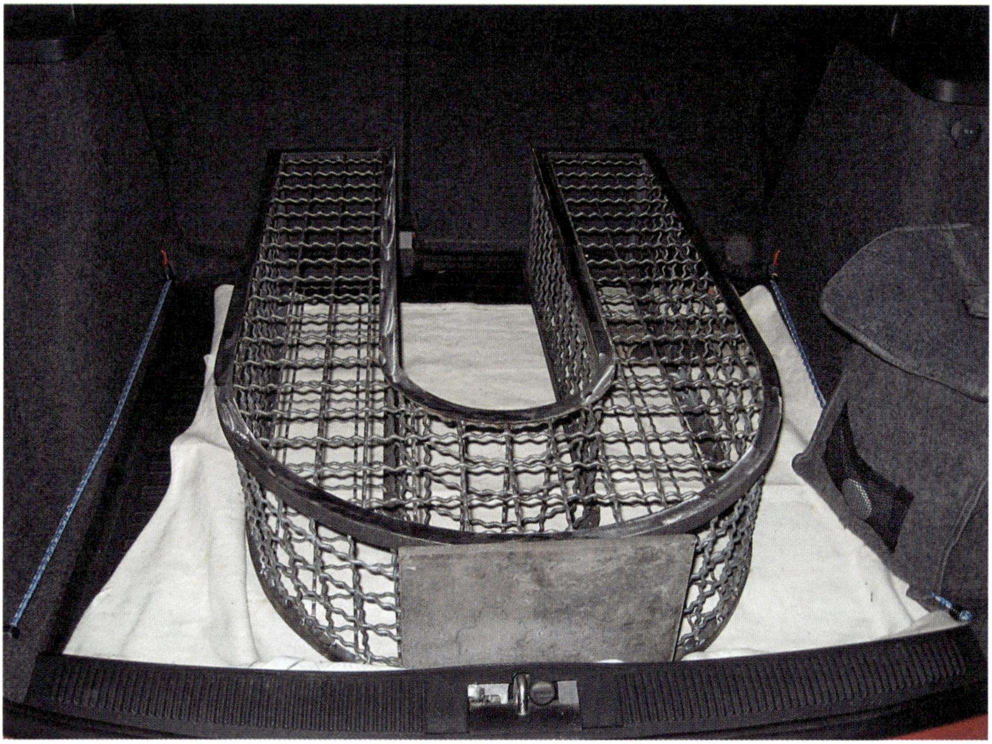

2010

Bisschen komisch, dass die politischen Schönheitsleute auf der einen Seite gegen Waffenproduktion protestieren, auf der anderen Seite aber das Nichteingreifen von UN-Truppen kritisieren… Ja wat denn nu? Waffen böse oder Waffen gut?

SCHERGESATANS, VIA YOUTUBE

SOKO CHEMNITZ

2018

Der Kampf gegen Rechts-
extremismus findet statt –
auf der Grundlage von Recht
und Gesetz.

SÄCHSISCHES STAATSMINISTERIUM
DES INNERN

FLÜCHTLINGE FRESSEN

2016

War das überhaupt Kunst, was das Zentrum für Politische Schönheit unter dem Motto „Flüchtlinge fressen – Not und Spiele“ zwei Wochen lang in Berlin aufgeführt hat?

DER TAGESSPIEGEL

SCHWEIZ ENTKÖPPELN

2016

Die Schweizerische Evangelische Allianz (SEA) bezeichnet die „Verfluchungs-Zelebration" als „einer kulturellen Institution unwürdig". Sie ruft die Bevölkerung auf: „Betet für Roger Köppel, seine Familie, seine Gesundheit, seine Arbeit und Berufung!"

BLICK

75 JAHRE WEISSE ROSE

2017

Wie erwartet, legitimieren die verschiedensten Reaktionen in DE und Türkei eure gewagte Aktion. Und zwar zu 100 %.

GEORG HOLLINETZ, VIA FACEBOOK

WO SIND UNSERE WAFFEN?

2020

Der erste Impuls beim Betrachten ist: Freude darüber, dass so etwas in diesem Land geht. Dass eine solche Installation, eine Armlänge von der Regierungs-zentrale entfernt, überhaupt stehen darf.

SÜDDEUTSCHE ZEITUNG

DAS HOLOCAUST-MAHNMAL VOR HÖCKES HAUS

2017

Das Amtsgericht verbot dem Vermieter jeden Abbauversuch, da sonst ein nicht wiedergutzumachender Schaden zu befürchten sei.

BERLINER ZEITUNG

SCHULD – DIE BARBAREI EUROPAS

2011

Ach, wie sehr Sie dieses narzisstische Cosplay genießen. Und was für ein Hotel ist das? Ibis oder Etap?

LANDRAT, VIA YOUTUBE

WO SIND UNSERE WAFFEN?

2020

Aus Erfahrung landet eh alles, was man in diese Container wirft, letztendlich in Afrika.

UWE HELLWEG, VIA FACEBOOK

SCHULD – DIE BARBAREI EUROPAS

2011

Der Deutschen Bank passt diese Aussage natürlich nicht in ihre Außendarstellung – und sie droht den Aktionskünstlern nun mit einem Strafantrag, sollte die Interviewpassage nicht aus dem Film entfernt werden.

JETZT.DE

KINDERTRANSPORTHILFE DES BUNDES

2014

Die Künstler schaffen Aufmerksamkeit, ihr Mittel: Provokation. Weil sie allein nie im Kanzleramt empfangen worden wären, holten sie sich Unterstützung von Überlebenden des Holocausts.

STERN

SUCHT NACH UNS

2019

Der Umgang mit echter, aufrüttelnder Kritik ist immer schwieriger geworden. Das gefällt mir nicht.

KAY H., VIA E-MAIL

SCHWEIZ ENTKÖPPELN

2016

Wer zahlt, befiehlt.
Von Geschmacksfragen abgesehen, manifestiert sich in der politischen Strafaktion ein gewissermaßen vordemokratisches, feudales Demokratieverständnis.

SRF

FLÜCHTLINGE FRESSEN

2016

Allein, dass es Menschen gibt, die bereit sind, als Akt des Protests zu sterben, sollte deutlich machen, wie inhuman die herrschende Politik agiert – wie schuldig die Regierenden sich tagtäglich machen.

FM4

WO SIND UNSERE WAFFEN?

2020

Ich bin zu alt für dieses Internet.
Das ist ein Witz? Oder echt?

ANONYM, VIA INTERNET

777

75 JAHRE WEISSE ROSE

2017

Nun mögen Moralapostel empört aufschreien, das sei alles unerhört, unverschämt und unverantwortlich. Ich aber sage: Wahrlich, selten genug wird hierzulande das antifaschistische Erbe beschworen und für aktuelle gesellschaftliche Auseinandersetzung belebt.

KARLEN VESPER, NEUES DEUTSCHLAND

KINDERTRANSPORTHILFE DES BUNDES

2014

Vor dem Zweiten Weltkrieg hat die britische Regierung knapp 10.000 jüdische Kinder aus Deutschland aufgenommen. Das ist die Vorbildfunktion für das ZPS. Denn wenn das damals möglich war, sollte es heute erst recht machbar sein. Das Problembewusstsein dafür ist bei den Leuten da, jetzt muss die Politik reagieren.

BAYERISCHER RUNDFUNK

DAS HOLOCAUST-MAHNMAL VOR HÖCKES HAUS

2017

Ziemlicher Wahnsinn und höchst brisant. Gegen eine Künstlergruppe ist dieser Paragraf (§ 129 StGB) überhaupt noch nie in Stellung gebracht worden!

HARTMUT WÄCHTLER, SÜDDEUTSCHE ZEITUNG

DAS HOLOCAUST-MAHNMAL VOR HÖCKES HAUS

2017

Die jüngste Aktion des „Zentrums für Politische Schönheit“ ist von verblüffender Niedertracht und zeugt von einer totalitären Mentalität, die sich leider nicht nur innerhalb von ideologisierten „Künstler“-Gruppen breitgemacht hat.

MARTIN LICHTMESZ, AUTOR

DAS HOLOCAUST-MAHNMAL VOR HÖCKES HAUS

2017

Politische Aktionskunst stört vor allem die Ressortaufteilung in den Köpfen: Politik mischt sich nicht in Kunst, Kunst bitte nicht in Politik. Das letzte Mittel der selbst ernannten Kampfmittelräumkommandos: Je mehr Aufmerksamkeit etwas bekommt, desto schlechter muss es sein.

NEUE ZÜRCHER ZEITUNG

CDU BAYERN

2016

Es war sicher ein hartes Ziel,
euer tollkühnes, politisch korrek-
tes Projekt in die Tat umzusetzen.
Bin auf die Erklärung gespannt,
wie Martin Schulz vor der Bundes-
tagswahl auf das Ergebnis.

WILLIAM NIMOY, VIA FACEBOOK

DIE JEAN-MONNET-BRÜCKE

2015

More than anything, the organisers of the humanitarian bridge hope that the projects can lead by example, pushing other institutions and organisations to act.

AL JAZEERA

DIE SÄULEN DER SCHANDE

2010

Das Zentrum für Politische Schönheit hat eine Mission: Es baut „Ahnungsarchitektur“ dort auf, wo sogar die Kanzlerin sie nicht mehr übersehen kann.

ZITTY

SUCHT NACH UNS

2019

Die Initiatorin des monumentalen Stelenfelds, Lea Rosh, hält die Aktion des ZPS für „tiefer, als unser Holocaust-Mahnmal es ist." Sie sei „bewegt und angefasst" von der Idee und ihrer Ausführung: „Es ist unglaublich."

DER SPIEGEL

KINDERTRANSPORTHILFE DES BUNDES

2014

Die Rettung der jüdischen Kinder war [in der Nazizeit] eine Ausnahme. Die meisten ausländischen Regierungen weigerten sich standhaft, deutschjüdischen Familien die Grenzen zu öffnen und Schutz zu gewähren. Niemand wollte die Verfolgten bei sich haben. Das Gleiche gilt für jene, die heute in Europa Zuflucht suchen. Sie werden mit allen Kräften abgewehrt. Obwohl wir in Wohlstand und Freiheit leben.

DER TAGESSPIEGEL

SUCHT NACH UNS

2019

Ich gehöre zu denjenigen, die meinen, dass, selbst wenn sich in der Berliner Stele die Asche meiner Großmutter, meiner Cousinen und Cousins und deren zahlreichen in Auschwitz ermordeten Kindern befindet, diese dort besser untergebracht wäre, als wenn sie anonym verscharrt bleibt. Meine Familie, als direkt Betroffene, steht voll hinter Ihrer Aktion! Sehr bedauerlich finde ich in diesem Zusammenhang auch, dass der gute Zweck hierbei ins Hintertreffen geraten ist.

GABRIELE, VIA E-MAIL

BERGUNGSARBEITEN AUF LETHE

2009

Wow, eine ganze Doku, das hätte ich euch nicht zugetraut.

DERTYP20896826, VIA YOUTUBE

KINDERTRANSPORTHILFE DES BUNDES

2014

Ein Mahnmahl gegen die Lebens-
gefahr und Todesängste syrischer
Kinder. Wer das zynisch findet, hat
sicher recht. Aber die Wirklichkeit
ist zynischer. In der politischen
Wirklichkeit wird nicht einmal ein
Kind aus hundert gerettet.

MONOPOL MAGAZIN

SCHWEIZ ENTKÖPPELN

2016

Eine ausgezeichnete Aktion, welche dazu führt, dass die Wölfe ihre Schafspelze ablegen. Schade, dass so wenig Schweizer von links bis rechts den Sinn der Aktion nicht einmal ansatzweise verstehen (und euch, dem Zentrum für Politische Schönheit, so wunderbar auf den Leim gehen). Gratulation an die Initianten des Entköppelungs-Theaters!

DANI HOROWITZ, VIA FACEBOOK

WO SIND UNSERE WAFFEN?

2020

Die Eliteeinheit der Bundeswehr steht unter Verdacht, ein Sammelbecken rechtsextremer Gesinnung zu sein.

BW24

CDU BAYERN

2016

Wie erbärmlich ist es bitte, mit der CDU als Banner gegen Rassismus und Reaktion zu protestieren. So etwas Dämliches, mein Gott…

FRANZ RIEGER, VIA INTERNET

KINDERTRANSPORTHILFE DES BUNDES

2014

Hallo, ich wollte fragen, ob das Kindertransportshilfe-Programm für syrische Kinder noch aktiv ist. Die Webseite ist seit 2015 nicht mehr aktuell.

LINA B, VIA E-MAIL

SUCHT NACH UNS

2019

Meine Großmutter hat,
um mit ihrer ermordeten Familie
„begraben“ werden zu können,
verfügt, dass ihr Körper verbrannt
und die Asche verstreut werde in
alle Winde. Sie war, Sie sehen,
keine religiöse Jüdin. Aber sie
wollte nach dem Tod wohl
verbunden sein mit den Ihrigen
und konnte sich keinen anderen
Ort dafür vorstellen als den Nicht-
Ort des Verstreutwerdens.
Die Frage, wohin mit der Asche,
erinnert mich daran.

SANDRA T., VIA E-MAIL

ERSTER EUROPÄISCHER MAUERFALL

2014

Es gibt schon lange eine ausgeprägte Sehnsucht nach Wirklichkeit auf der Bühne. Hier findet ein künstlerischer Akt eine so resonanzstarke Rückkopplung in die Realität, dass man an Elfriede Jelineks Bonmot über Schlingensief denken muss, der „den Herrschenden die Zustände wie eine Torte ins Gesicht“ schleudere.

PATRICK WILDERMANN, DER TAGESSPIEGEL

25.000 EURO BELOHNUNG

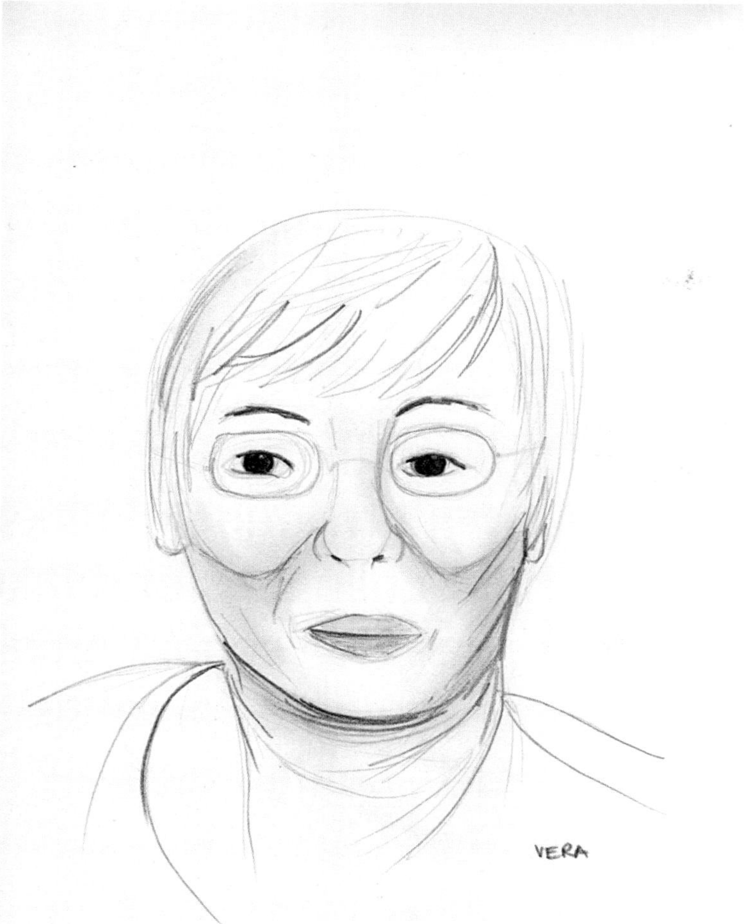

2012

Die Konzerneigentümer sind der Meinung, dass sie hierfür auch nicht die Verantwortung tragen. Sie sind der Meinung: Es ist das wirtschaftliche System, das die Manager ihrer Aktiengesellschaft zwingt, im Sinne der Kapitalvermehrung zu agieren, und wenn nicht wir dies tun, tun es die anderen, also haben wir keine Schuld, denn es würde ja sowieso passieren. Diese Logik wird von euch demaskiert.

VORSITZENDER DER DEUTSCHEN FRIEDENSGESELLSCHAFT

SARKOPHAG OBERNDORF

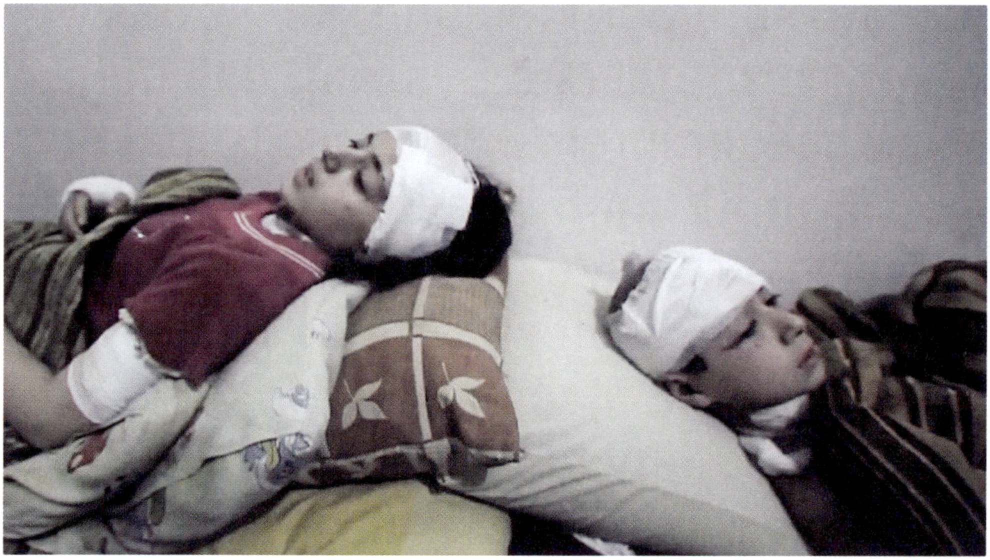

2012

Extrem paradox ist es, ein paar Arbeitsplätze vor Millionen Menschenleben zu stellen, oder?

CHILLOUTCHILLPROUD, VIA YOUTUBE

ERSTER EUROPÄISCHER MAUERFALL

2014

Im Moment hat die Politik
allerdings Mühe, mit der Kunst
Schritt zu halten und
allein das Thema des Stückes
zu verstehen.

DER TAGESSPIEGEL

DIE SÄULEN DER SCHANDE

2010

Aufgrund des Desinteresses, der Respektlosigkeit und des Egoismus, ja sogar Verantwortungslosigkeit, Menschenrechtsverletzungen gegenüber bosnischen Staatsbürgern zuzulassen, bedarf es einer spektakulären Aktion, die auf dieses Problem aufmerksam macht. Einerseits finde ich das Projekt insoweit gut, andererseits bin ich traurig, dass es solch einer Handlung heute noch bedarf.

CHRISTIAN SCHWARZ-SCHILLING, CDU

DIE CHRONIK DES 21. JAHRHUNDERTS

2009

Sie hätte vielleicht Mittel gehabt
im Jahr 1928, wenn sie sich
da noch vor einer Entwicklung,
die dann auf Papen, Schleicher
und Hitler zuläuft, mit andern
organisiert hätte. Also die
Organisationsfrage liegt 1928
und das dazu gehörige Bewusst-
sein liegt 1944.

ALEXANDER KLUGE,
ÜBER EINE FRAU, DIE 1944 DEN BOMBENANGRIFFEN
MITTELLOS AUSGELIEFERT WAR

DIE RE-FORMATION DER GESCHICHTE

2009

Ein Anschlag auf den Bundestag – mit Thesen!

DER TAGESSPIEGEL

75 JAHRE
WEISSE ROSE

2017

Seid ihr wenigstens – vollkommen zu Recht – festgenommen worden?

NINA HALLMANN, VIA FACEBOOK

SARKOPHAG OBERNDORF

2012

Wenn der ukrainische Katastrophenreaktor eine Betonhaube brauche, dann auch Heckler & Koch, so die Logik der Aktivisten. Heckler & Koch hat gegenüber der Südwestpresse nicht auf die Aktionsgruppe reagiert. Was nicht daran liegt, dass die Firma schon von einem Betonmantel daran gehindert würde – schließlich kümmert sich eine international aktive Unternehmenskommunikation um ihre Belange.

SÜDWEST PRESSE

WO SIND UNSERE WAFFEN?

2020

Das nenn ich gelungene
Privatisierung!
WO SIND UNSERE WAFFEN?

SIBYLLE BERG, VIA TWITTER

75 JAHRE WEISSE ROSE

2017

In diesen Zeiten des Merkeltums, des Phlegmas, der scheinbaren Einigkeit und des gedankenleeren Konsens, haben sich viele wieder angewöhnt, diese Skandale wegzuschieben und denen, die sich nicht damit abfinden wollen, das scheinbar schlimmste Schimpfwort dieser Tage an den Kopf zu werfen: Moral.

DER SPIEGEL

SCHWEIZ ENTKÖPPELN

2016

Die Schweizerische Evangelische Allianz brachte einen Gegenvorschlag ein: Sie rief in einer Medienmitteilung vom 18. März alle Christinnen und Christen dazu auf, „segnend einzustehen für alle Beteiligten“. Der Bischofsvikar im Bistum Chur und Exorzist war für eine Stellungnahme nicht zu erreichen.

KATHOLISCHES MEDIENZENTRUM

2099

2015

Die Aufführung unterläuft sämtliche Skandalerwartungen. Stattdessen: „Publikumsbeschimpfung“.

DER TAGESSPIEGEL

ERSTER EUROPÄISCHER MAUERFALL

2014

Die Aktion dieser Schwarzen macht mir Angst vor noch mehr Asylanten! Gut, dass meine Angehörigen anonym beerdigt sind, da können die Schwarzen nicht unsere Grabkreuze stehlen!

BERND KUNZE, VIA FACEBOOK

SUCHT NACH UNS

2019

Die Asche der Vernichteten
in der Nähe des Reichstages
konfrontiert die Politik und
uns mit den Folgen unserer
Handlungen oder den Folgen
unseres Nichthandelns.

BERLINER ZEITUNG

SCHWEIZ ENTKÖPPELN

2016

Nervt:
Kritik an #schweizentkoeppeln wieder mal so denkfaul & dünnlippig, dass man quasi genötigt wird, @politicalbeauty zu verteidigen.

@KELLERFLO, VIA TWITTER

WO SIND UNSERE WAFFEN?

2020

Das ist doch n Witz.
Wie soll da ne
Panzerfaust reinpassen?!

@BUSTERBEANS, VIA TWITTER

CDU BAYERN

2016

Ihr hättet euch ganz sicher auch für Erich Honecker ins Zeug gelegt. Das ist gruselig!

@IBIKUS31, VIA TWITTER

DIE TOTEN KOMMEN

2015

Diese Menschen flüchten nicht aus Lust und Laune. Sie suchen das Leben. Ihnen wurde das Leben verweigert. Ich appelliere an alle Politiker: Das sind Menschen, die unsere Hilfe gebraucht haben und jetzt unsere Hilfe brauchen. Wir müssen es verhindern. Wir werden auch versinken. Die Toten sind im Meer versunken. Aber wir versinken in Ungerechtigkeit, in Krieg, in Hass, in Rassismus und Diskriminierung. Wie können wir uns alle gemeinsam retten?

ABDALLAH HAJJIR, IMAM

851

WO SIND UNSERE WAFFEN?

2020

Neue Aktion von @politicalbeauty: Vor dem Kanzleramt können jetzt die von der Bundeswehr als vermisst gemeldeten Waffen abgegeben werden. Ab in die Tonne.

JULIUS BETSCHKA (DER TAGESSPIEGEL), VIA TWITTER

25.000 EURO BELOHNUNG

2012

Und ist seit eurer Aktion auch nur ein einziger Panzer weniger verkauft worden oder auch nur ein Kind weniger gestorben!? Nein, ihr werdet immer die Verlierer sein und zugedröhnt Vorträge halten, auf denen genauso unfähige Trottel Beifall klatschen. Reiner Selbstzweck, reine Selbstinszenierung. Liebe machen mit dem eigenen Ego und Leute im Namen des Humanismus schädigen. Geht auf den Alex, und kauft euch Schore, dann seid ihr wenigstens sediert!

SERGE HERTRICH, VIA FACEBOOK

2099

2015

Das ist dieser Abend letztlich:
ein Tribunal. Eine Abkanzelung.
Ein vorverlegtes jüngstes Gericht
von erzengelhaftem Furor.

SÜDDEUTSCHE ZEITUNG

75 JAHRE
WEISSE ROSE

2017

Leider keine Fake-News, sondern
ein mit Steuermitteln finanzierter
Skandal. Ich erwarte, dass sich
die Geldgeber ihrer Verantwortung
stellen, aufklären und die not-
wendigen Konsequenzen ziehen.

RUPRECHT POLENZ, CDU

SOKO CHEMNITZ

2018

Man kann an Soko Chemnitz studieren, wie das ZPS arbeitet, wie es die Gruppe schafft, jede neue Aktion plötzlich und mit Hochgeschwindigkeit in die deutsche Wirklichkeit krachen zu lassen. Irritierend ist, dass sich Forderung (Menschlichkeit) und Methoden des ZPS diametral gegenüberstehen, nicht nur beim Online-Pranger zu Soko Chemnitz. Eigentlich müsste man deshalb abwarten und seine Meinung erst zum Ende einer Aktion formulieren. Aber das hält kaum jemand aus. Zu krass scheint das Gebotene.

RP ONLINE

DIE TOTEN KOMMEN

2015

Danke, Herr Ruch!
Ihre Art von Kunst und Ihr
Humanismusgedanke lassen
Hoffnung in mir aufleben.

JAN BATZNER, SCHÜLER

Eine moralische Prügelorgie
der Sonderklasse!

TAZ

865

SUCHT NACH UNS

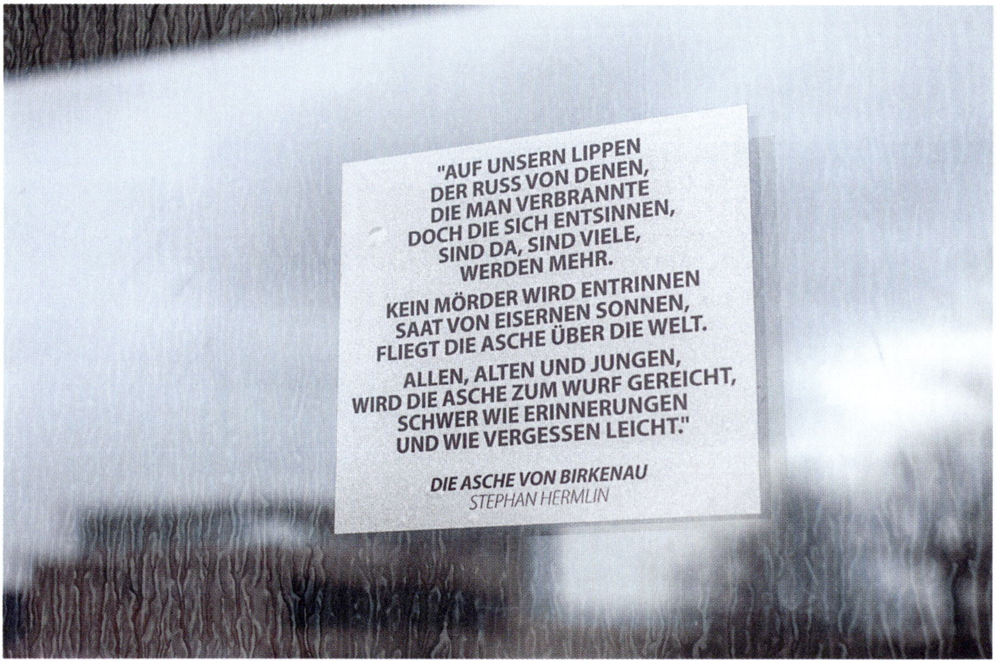

2019

Störung der Lebendigenruhe.
Insofern gelungene Kunst.

FRIEDEMANN ROTHFUCHS, VIA FACEBOOK

EPILOG

GRENZ-ÜBERSCHREITUNGEN

VERSUCH ÜBER DAS ZENTRUM FÜR POLITISCHE SCHÖNHEIT UND DIE EINE ODER ANDERE (RE-)AKTION

von Michael Diers

1

Als Anfang März 2021 verlautete, das Bundesamt für Verfassungsschutz stufe die „Alternative für Deutschland“ ab sofort wegen rechtsextremistischer Umtriebe als „Verdachtsfall“ einer verfassungsfeindlichen Partei ein und könne daher zu verschärfter Beobachtung schreiten, rief diese Nachricht bei den Zeitgenossen die Aktion *Das Holocaust-Mahnmal vor Höckes Haus*, die das Zentrum für Politische Schönheit Ende 2017 gestartet hatte, in Erinnerung.[1] Mit der Errichtung einer verkleinerten Nachbildung des hauptstädtischen *Denkmals für die ermordeten Juden Europas* hatte man Björn Höcke, Fraktionsvorsitzender der AfD im Thüringer Landtag und Vordenker des sogenannten „Flügels“ der Partei, in unmittelbarer Nachbarschaft seines Wohnhauses einen Stein des Denkanstoßes vor die Tür gesetzt. Es galt, ihm beim Blick aus dem Fenster beständig ins Gedächtnis zu rufen, dass er das Berliner Mahnmal in seiner Dresdener Rede vom Januar des Jahres als „Denkmal der Schande“ verleumdet und eine „erinnerungspolitische Wende um 180 Grad“ gefordert hatte. Im Rahmen dieser Intervention, in deren Verlauf das Zentrum von Höcke

Schönheit ist politisch.

HERTA MÜLLER, 2014[2]

als „terroristische Vereinigung“ klassifiziert und auch seitens der Staatsanwaltschaft gegen die Mitglieder ermittelt wurde, hatte man unter anderem angekündigt, den Politiker nicht zur Ruhe kommen lassen zu wollen, das heißt, ihn Tag und Nacht vom Nachbargrundstück aus zu observieren. Beobachtung hier, Überwachung dort und vice versa. Die Kunstaktion hatte gewissermaßen die verfassungsrechtliche Untersuchung antizipiert.[3] Auf die hetzende Rede Höckes antwortete vor Ort in Bornhagen, so ein Kommentar, die Gegenrede in Form einer künstlerischen Inszenierung.[4]

Es folgten mehrere Strafanzeigen gegen das Kollektiv, unter anderem wegen „Nachstellung“, sprich Stalking. Fast anderthalb Jahre lang wurde die Gruppe als „kriminelle Vereinigung“ gebrandmarkt und ihre Kunst versuchsweise als Form „organisierter Kriminalität“ erachtet. Am Ende sind die juristischen Aktivitäten im Sande verlaufen, aber die zuständige Justiz und Politik wurde in diesen Auseinandersetzungen in Teilen als parteiisch decouvriert. Vor allem aber wollten beide Gewalten die Freiheit der Kunst nicht respektieren, indem sie die gespielte Überwachung mit einer realen Kontrolle in eins setzten und eine symbolische Form nicht als (Real-)Fiktion, sondern als Fakt einschätzten. Dass das Zentrum im Sinne von Spiel und Schein, wie es die Kunst seit alters zu tun pflegt, alle Register der (Augen-)Täuschung gezogen hatte, kam auch den AfD-Repräsentanten nicht in den Kopf, auch weil es ihnen die vermutlich durchaus willkommene Möglichkeit bot, wieder einmal lauthals und empört Einspruch zu erheben. Die Künstlerinnen und Künstler hatten den Vorgang auf eine politische Bühne gebracht, die allerdings nicht im geschlossenen Raum, sondern in der Öffentlichkeit einer Dorfstraße aufgeschlagen war. Daher fehlte der übliche Rahmen eines Gehäuses als Schutzzone, sei es ein Theater oder ein Kunstraum. Und dadurch mangelte es auch an den geläufigen Anführungs- und Ausrufezeichen, die „Achtung Kunst!" annoncierten. Aber auch diesen Vorbehalt hätte die AfD kaum akzeptiert. Und auf der anderen Seite zählt es zu den markanten Kennzeichen der ZPS-Aktionen, dass sie die Grenzen der Kunst, der Gattungen und Medien nach Maßgabe ausdehnen und die Distanz zwischen Kunst und Politik entschieden verkürzen – wie das zitierte Beispiel zeigt, bis zur Verwischung der Demarkationslinien. Dass die Akteure für großes Aufsehen und folglich für gesteigerte Aufmerksamkeit sorgen, ist ebenfalls Teil des Konzepts. Man will dem jeweils verhandelten Gegenstand Gehör verschaffen, um die aufgeworfenen Fragen möglichst rasch adäquaten Antworten und damit einer Lösung näher zu bringen. Klappern gehört zum Geschäft, nicht nur von Politik und Werbung, sondern auch von Kunst in einer Gesellschaft, für die Aufmerksamkeit eine zentrale Währung und willkommene Ressource des jeweiligen Selbstverständnisses ist. Und die Resonanz auf eine Aktion, sei es in der Presse oder den Social Media, ist keineswegs als Nebenprodukt zu verstehen, sondern als integraler Bestandteil einer Kunst, die ausdrücklich auf politische Wirkung abzielt.[5] Wer gesellschaftliche Verhältnisse nicht nur anprangern, sondern auch verändern möchte, ist auf Zuspruch aus, muss aber zugleich auf Widerspruch gefasst sein. Und nicht zuletzt auf gelegentliches Scheitern.[6]

Die Idee einer Kunst als Aktion, die Realität nicht nur schlicht widerspiegelt oder repräsentiert, sondern Demonstrationen, Aufführungen und Installationen sehr konkret ins Werk setzt, stößt ringsum keineswegs nur auf Verständnis. Das Echo ist vielmehr geteilt. Auf der einen Seite stehen, vereinfacht gesagt, die Verächter einer Kunst, die ihre Themen allzu explizit und direkt zur Sprache bringt und dabei vorgeblich Fragen ästhetischer Gestaltung hintanstellt. Auf der anderen Seite finden sich die Befürworter, die dafür plädieren, den Freiraum der Kunst nicht nur für Glasperlenspiele zu nutzen, sondern mittels Kunst eingreifend zu handeln. Dass sich die beiden konfligierenden Positionen nur schwer vermitteln lassen, ist leicht verständlich, aber in der Sache nicht entscheidend. Warum sollte es nicht beide Auffassungen geben und vielleicht auch noch einen dritten, mittleren und vermittelnden Standpunkt? Und tatsächlich existieren ja besagte Fraktionen nebeneinander, und dies nicht erst in der Gegenwart. Seit den 1920er und wieder verstärkt in den 1960er Jahren, in denen sich die Kunst nachdrücklich um eine neue Definition mit Blick auf ihre Ambitionen, ihr Material und ihre Medien sowie die gesellschaftliche Funktion und konkret das Verhältnis von Kunst und Politik bemüht hat, gibt es diesen Streit der Fakultäten.[7] Das Zentrum für Politische Schönheit hat sich auf die Seite eines, wie Joseph Beuys es bezeichnet hat, erweiterten Kunstbegriffs geschlagen und sich dort erfolgreich behauptet. Wobei Erweiterung ja nicht nur die zum Einsatz kommenden ästhetischen Elemente und Instrumente, sondern in erster Linie die engagierte Öffnung in Richtung der sozialen und politischen Wirklichkeit meint.

2

Seit seiner Gründung im Jahr 2008 hat das Zentrum für Politische Schönheit mit zahlreichen öffentlichen Aktionen nachdrücklich auf politische Missstände im Kontext von Flucht und Vertreibung, Geschichte, Krieg und Waffenhandel, Rechtsextremismus und Diktatur oder, allgemeiner gesagt, Fragen des Menschenrechts aufmerksam gemacht. Dabei sind sehr unterschiedliche Mittel zum Einsatz gekommen. Keines davon stammt aus einer muffigen Instrumentenkiste. Im Gegenteil, in Anlehnung an die Aufführungs- und bildenden Künste wurden vielfältige neue, meist hybride Formen ersonnen, die ihresgleichen suchen. Künstler wie Christoph Schlingensief oder Hans Haacke standen dabei für das eine oder andere Projekt anregend Pate. Am Ende aber hat sich ein eigener (Aufführungs-) Stil herausgebildet, der das Zentrum von anderen politischen Aktionsgruppen unterscheidet, die seit den späten 1990er Jahren wieder vermehrt in der Öffentlichkeit in Erscheinung getreten sind.[8] Zum Teil betrifft es den organisatorischen, materiellen und finanziellen Aufwand, der getrieben wird, um

Aktionen über Wochen und Monate am Laufen zu halten oder Videos zu drehen, die einzelne Themen entweder als Kommentar begleiten oder für sich bereits als künstlerische Werke zu verstehen sind. Zum anderen betrifft es die Kombination ästhetisch-performatorischer Mittel aus heterogenen Bereichen der künstlerischen, publizistischen und politischen Arbeit. Eine Aktion wie „Flüchtlinge fressen. Not und Spiele“ (2016) umfasst nicht nur die Zurschaustellung von vier „libyschen“ Tigern[9] in einem Käfig inmitten der Stadt, sondern ein täglich arrangiertes öffentliches Schauspiel, ferner Flugblätter und Flyer, anberaumte Talks drinnen und draußen, Pressekonferenzen, das Chartern eines Flugzeugs, Bild- und Tonaufzeichnungen sowie die laufende Klärung rechtlicher Fragen im Hintergrund, die von Klägern unterschiedlichster Couleur wie Straßen- und Gartenbauamt, Tierschutzvereinigung oder politischer Partei an die Gruppe herangetragen werden. In der Öffentlichkeit häufig als drastisch eingestufte Mittel gehören ebenso dazu wie die Provokation als ikonoklastische Geste und die Subversion als „Unterwanderung“ politischer Institutionen. Ironie, Satire und Polemik können als Stilmittel dienen, aber auch Simulation und (Augen-)Täuschung und rhetorische Zuspitzung und Übertreibung. Indem Elemente des Theaters, der Schaustellerei und der bildenden Kunst kombiniert oder einander konfrontiert werden, ist ein Repertoire von „Aktions“-Formen entstanden, das immer wieder neu Staunen macht und für gehörige Verwunderung, Verwirrung oder auch Aufregung und Zorn sorgt.

Die agierenden Mitglieder des Zentrums setzen sich aus verschiedenen Berufsgruppen, darunter Schauspiel, bildende Kunst, Zirkus, Literatur und Journalismus, Universität, Technik, etc. zusammen, für die im Kontext ihrer Zentrums-Arbeit als gemeinsamer Begriff die Bezeichnung Künstler / Künstlerin noch am ehesten taugt.[10] Akteure ist ein relativ neutraler Hilfsbegriff, Aktivisten eine von der Kritik oft abfällig gemeinte, weil Richtung Ideologie zielende Bezeichnung und Artivisten ein eher modisches Kunstwort, das mit seinem Ismus-Suffix künstlerische Bestrebungen ideologisch eher denunziert als zutreffend charakterisiert.[11] Und die ständig wiederholte Frage „Ist das (eigentlich) Kunst?" begleitet das Zentrum von Beginn an. Es ist auch die Gretchenfrage der professionellen Kritik und die entscheidende Prüfungsfrage der Justiz.

3

Kunst und Politik gehen zwar in staatlicher Propaganda offiziell zusammen, im Übrigen aber liegen sie schon immer im Widerstreit, nicht unbedingt grundsätzlich, aber doch hin und wieder entschieden und entscheidend. Seitdem die Kunst im Zuge der bürgerlichen Emanzipation für autonom erklärt wurde, sieht sie sich als das Andere der Politik. Aus der Position der Distanz und im Vertrauen auf die grundgesetzlich garantierte Freiheit geht sie hier und da zur Kritik oder auch sinnbildlich zum Angriff über und mischt sich laut und vernehmlich in *rebus publicis* ein. Nicht selten versucht dann die Politik, sie in ihre Schranken zu weisen und sich ihre Interventionen zu verbieten. Häufig landen solche Auseinandersetzungen vor Gericht. In demokratischen Kontexten obsiegt dort in der Regel die Kunst, indem ihr die Unabhängigkeit bestätigt wird. Auf der Gegenseite steht als gesellschaftliche Bringschuld die politische Verantwortung des Künstlers oder der Künstlerin, die ihren Niederschlag in der „schöpferischen Auseinandersetzung mit der Wirklichkeit und den daraus resultierenden Gebilden" findet.[12] Im günstigsten Fall heißt das künstlerische Verfahren mit Bezug auf den „ursprünglichen Gestaltungsauftrag" Nichtanpassung und Widerstand oder, allgemeiner gesagt, „Veränderung der ‚ersten' wie Herstellung der ‚zweiten' Wirklichkeit".[13]

Mit diesen Worten hat der Kunsthistoriker Werner Hofmann im Frühjahr 1968 das Verhältnis von Kunst und Politik in einem Beitrag für die Zeitschrift „Merkur" prägnant bestimmt. Die Überschrift seines Aufsatzes lautet: „Für eine Kunst der politischen Konsequenz".[14] Der Text trägt Züge eines Manifests. Ein hellsichtiger Museumsdirektor macht sich darin über ein damals bereits leicht erschüttertes, bald darauf jedoch als bürgerlich gescholtenes Kunst(selbst)verständnis (und die eigene Zunft) klug abwägende Gedanken. In der gegenwärtigen, stark kontrovers geführten Debatte über angemessene Formen, Funktionen und Strategien aktueller Kunst, die mit dem Rubrum „politisch" in Verbindung gebracht wird, hilft die erneute Lektüre zur Orientierung. Hofmann erinnert daran, dass

„die Demokratien im Kunstwerk eines der Rückzugsterritorien des Spieltriebes und eines der unverbindlichen Prestigesymbole der Privatsphäre“ dulden und ihr damit nur eine „Scheinfreiheit“ gewähren. Der Künstler dürfe die Welt, so Hofmann frei nach Marx, „beliebig interpretieren, aber nicht verändern“: „Die Anerkennung der Autonomie der künstlerischen Schöpfung hat also eine fatale prohibitive Kehrseite. Als Wirklichkeit *sui generis* bestimmt, die sich keiner anderen Sphäre ein- oder unterordnen lässt, wird das Kunstwerk zwangsläufig musealisiert und von der tatsächlichen Veränderung der Wirklichkeit ausgeschlossen.“[15]

Dass eine sich politisch begreifende Kunst, die für ein Umdenken plädiert, nicht nur in der Politik, im Staat und seinen Parteien Gegner findet, sondern auch auf anderen gesellschaftlichen Ebenen aneckt und teils heftiger Kritik unterzogen wird, zeigen beispielhaft die Meinungsdifferenzen in Bezug auf die Aktionen des Zentrums für Politische Schönheit. Die etablierten klassischen wie die sozialen Medien halten mit ihrer Kritik nicht hinterm Berg, im Gegenteil, es wird mit heftigen und grundsätzlichen Vorwürfen nicht gespart. Die Vielzahl der Berichterstattungen und Kommentare in den Zeitungen, Zeitschriften und im Internet ist kaum noch überschaubar. Und wenn der Eindruck nicht täuscht, überwiegen quantitativ eher die ablehnenden Stimmen.[16] Indem die Beiträge häufig aufs Ganze gehen, sind sie auch besonders unzweideutig. Das kann nur jenen Beobachter überraschen, der davon ausgeht, dass sich insbesondere die Kunstkritik dem Selbstverständnis nach eher offen für Modelle einer alternativen künstlerischen Praxis zeigen sollte. Aber ehe man sich versieht, wird den Zentrums-Aktionen entweder kurzerhand der Kunstcharakter abgesprochen oder aber politische Verwirrtheit und darüber hinaus nicht selten auch noch durchschlagende Wirkungslosigkeit bescheinigt.[17] Beide Argumentationen erfolgen *ex cathedra* der Presse als vierter Gewalt und bleiben daher im Prozess der öffentlichen Meinungsbildung nicht ohne Einfluss. Dagegen ist durchaus nichts einzuwenden, im Gegenteil, es belebt die Diskussion, befördert allerdings den Stand der Dinge, sprich den Status der politischen Kunst nur begrenzt oder bestenfalls *ex negativo*. Beunruhigend – oder jedenfalls irritierend – ist die offenbar unerschütterliche Gewissheit, mit der häufig gegen die Aktionen argumentiert wird.

4

Bereits die Bezeichnung „Zentrum für Politische Schönheit", unter der die Aktionsgruppe „aggressiver Humanisten"[18] firmiert, stellt für das eine oder andere Mitglied aus der Riege der Kritik eine Brüskierung dar. Denn wie und warum sollten Politik und Schönheit, Ästhetik und politische „Haltung als Handlung" verbinden oder gar verbünden?[19] Zwei Felder gesellschaftlicher Praxis, real hier, symbolisch dort, die landläufiger Auffassung nach himmelweit voneinander entfernt angesiedelt sind und sich folglich eher aus- als einschließen. Schönheit impliziert, so die Idee des Zentrums in Bezug auf ältere, bis in die Antike zurückreichende Konzepte neben der Sinnlichkeit auch den Gesichtspunkt der „Sittlichkeit", sprich die oben bereits apostrophierte kollektive Verantwortung. Sittlichkeit ist ohne Frage ein etwas verstaubter Begriff, den Alten aber bis hin zu Friedrich Schiller und Friedrich Nietzsche war er sehr geläufig. Man könnte stattdessen auch Ethik oder Moral sagen, gemeint ist jedenfalls keine von der Realität abgekoppelte Zweckfreiheit, sondern ein im weitesten Sinn ästhetisch-erzieherischer Gedanke oder, kurzgefasst, die Idee des Humanismus als ein schöpferisch politisches Programm. Auch Humanismus ist nochmals ein hehrer, anspruchsvoller Begriff, vor dem man wegen des darin anklingenden Pathos durchaus zurückschrecken kann. Als Devise allerdings taugt er zusammen mit dem Attribut „aggressiv" als Resümee der Intentionen, nicht zuletzt, weil es sich um ein auf Befremdung setzendes Oxymoron handelt. Wer sich aber heute programmatisch mit politischen Themen befasst, kommt in einer stark medienpolitisch geprägten Gesellschaft um ein zugkräftiges Schlagwort nicht herum.[20] Politische Schönheit auf der einen und Humanismus auf der anderen Seite lassen sich auch als Synonyme verstehen. Hinter dem Begriff „Schönheit" steckt als Instrument zu ihrer Durchsetzung die Kunst. Und „politisch" zielt auf die Gesellschaft ab. Und auf deren Wandel in den Feldern, die in Frage stehen.

Dass es Aufgabe der Kunst ist, zu stören und zu verstören, gelegentlich sogar zu zerstören, ist weitgehend akzeptiert. Wer dies überprüfen wollte, könnte in der Google-Suchmaschine die

Wörter „Kunst“ und „stören“ eingeben und erhielte als ersten Treffer den Hinweis auf eine sogenannte „Tatort“-Fernsehkritik, deren Überschrift kurz und bündig lautet: „Kunst, die nicht mehr stören darf, ist irrelevant.“[21] Doch diese Lizenz hat durchaus ihre Grenzen. Wo diese exakt verlaufen, ist nicht näher bestimmt, sondern wird von Fall zu Fall festgelegt. Dazu gehören vornean solche des sogenannten guten Geschmacks oder des Anstands, solche des Ethos und des Verantwortungsbewusstseins und in vorderster Linie jene von Recht und Gesetz. Aber kaum zuletzt auch diejenigen Schranken, die das herkömmliche Kunstverständnis setzt. Wer allzu weit aus dem abgezirkelten und sanktionierten ästhetischen Feld heraustritt, dem wird von den Kunstrichtern Regelverletzung vorgeworfen. „Das ist keine Kunst“, lautet dann, wie bereits erwähnt, das harsche Urteil. So heißt es in einem Artikel, der über die Aktion „Sucht nach uns“ (2019) herzieht, es gehe dem Zentrum als dem „größten, am meisten gehassten und geliebten Polit-Kunst-Aktivismus-Kollektiv in Deutschland“ häufig nur um „Show und Schock“, also um Sensation, Spektakel und Tamtam.[22] Die politische Intention bleibe vordergründig und verfehle das praktisch gesteckte Ziel. Und es mangele nicht zuletzt an der ästhetischen Durchbildung des Stoffes, demnach an einer für die Kunst entscheidenden Qualität. Kurzum, so in der namhaften überregionalen Sonntagszeitung, es handele sich um „Polit-Pseudo-Kunst“ und „Pseudo-Aktionen“ von „Polit-Pseudo-Künstlern“. Starker Tobak, der in einem Zug gleich alles – die Kunst, die Aktionen und die Künstler – unter den Verdacht von Bauernfängerei stellt.

Es ist nicht möglich, die vielen, oft abfälligen Schlagworte und vorgebrachten Kritikpunkte, darunter nicht selten auch *idées reçues*, die im Feuilleton gegen die Aktionen des Zentrums ins Feld geführt werden, hier auch nur annähernd vollständig aufzulisten und zu kommentieren. Aus der Fülle der Zeugnisse sei hier nur noch auf zwei Artikel seriöser Blätter hingewiesen, die jeweils grundlegend mit der Arbeit des Zentrums ins Gericht gehen.[23] In ihrem Artikel „Erlösungen. Die politische Kunst erlebt eine neue Blütezeit" lässt die Süddeutsche Zeitung kein gutes Haar an der Aktion „Flüchtlinge fressen", die vermutlich die bis dato aufwendigste, aufsehenerregendste und vielleicht auch umstrittenste Arbeit des Zentrums war.[24] Der angeführte Artikel findet dafür jedoch nur despektierliche Worte, indem von „heißer Luft", „Geltungsdrang", „laut tönendem Symbolismus", „Servicekunst", „Katastrophismus", „Kopie von Werbekampagnen", „sensationsheißem Zynismus", „Missbrauch von Opfern" und „Besserwisserei" die Rede ist. Konfrontiert werden der genannten Aktion die Arbeiten „ernsthaft politisch interessierter Künstler" wie Wael Shawky, Kara Walker oder Harun Farocki. Und die fragwürdige Bilanz folgt im Schlusssatz: „Die Welt ist zu schön und die Lage zu ernst, um sie ein paar hitzigen Tigerdompteuren zu überlassen."[25] Mit diesen Worten kann man der umfänglichen, von zahlreichen Informationsveranstaltungen und Diskussionsrunden begleiteten Aktion kaum gerecht werden. Es wird das emblematische Aushängeschild des Tigerkäfigs für die Sache genommen.[26] Für die Kunst soll offenbar weiterhin der

Imperativ gelten: „Schuster, bleib bei deinen Leisten!" Oder anders gesagt: Kunst, schlag' bitte nicht über die Stränge, bleibe vielmehr auf dem angestammten Terrain, darunter, hier polemisch gewendet, Puppenspiel, Schattenriss oder filmische Dokumentation. Andernfalls laufen die Akteure und Akteurinnen Gefahr, einer publikumsnahen „Überwältigungs- und Bestätigungskunst" zu huldigen oder anheimzufallen.[27]

Auch ein Artikel in der ZEIT kommt im Zusammenhang eines grundsätzlichen Räsonnements über die „Fallen der [Kunst-] Freiheit" auf die Aktionen des Zentrums zu sprechen, indem danach gefragt wird, wie „wirkungsvoll die politische Kunst tatsächlich" sei.[28] Ausgangspunkt ist die Diagnose, dass ein „erstaunlicher Drang ins Politische weite Teile der Gegenwartskunst" erfasst habe. Kunst, die den „Käfig der Selbstzweckhaftigkeit" verlasse, laufe aber leicht Gefahr, „in andere perfidere Formen der Gefangenschaft" zu geraten. Sie stelle sich selbst die größten Fallen, die durchaus auch zuschnappen könnten, „ohne dass es den Künstlern recht bewusst ist." Fünf Fallen, die den in Anführung gesetzten „Artivismus" kennzeichnen sollen, listet der Verfasser auf. Dies sind die „Falle der Bevormundung", die „Falle der Medialisierung", die „Falle der Vereinfachung", die „Falle der Kompensation" sowie die „Falle der Freiheit". Im Nachgang kommt sechstens noch die „Falle der Selbstbestätigung" hinzu. Sie lautet: „Der Künstler überzeugt mit seiner Kunst nur die ohnehin Überzeugten. [...] Er ist kritisch in einem unkritischen Sinne."[29]

Das klingt nicht nur wie eine Generalabrechnung, sondern ist offenbar auch als solche intendiert. Indem Kunst auf Verständlichkeit und Nützlichkeit setze und auf ästhetische Verschlüsselung verzichte, mache sie sich überflüssig und schaffe sich dadurch schließlich selber ab. Was aber nun, wenn niemand diese Form der Kunst als alleinseligmachend betrachtet, sondern nur darauf aus ist, sie neben andere Sparten und Gattungen zu stellen, um einer Situation zu entsprechen, die nicht allein durch ästhetische Verrätselung oder die als Alternative apostrophierte „politisch ernsthafte" Kunst zur Sprache zu bringen ist?[30] Während die hier solchermaßen inkriminierten Künstler die anderen, auf der vermeintlich gegenüberliegenden Seite angesiedelten Künste durchaus gelten lassen, wird dieser Großmut den Akteuren mit erkennbar politischer Ambition von einem Teil der kritischen Kritik nicht entgegengebracht. Werden in ihren Augen der Begriff und das System der Kunst beschädigt? Vergreifen sich die Handelnden, die kaum je als Künstler angesprochen werden, an der Kunst? Und zurückgefragt: Wo liegt im Vergleich mit einer angeblich „wirkungslosen" Kunst die Relevanz der ihr konfrontierten hochgeschätzten Kunst, aber zugleich auch jene der Kritik, sprich deren Erfolg oder Wirksamkeit? Ist sie tatsächlich immer gegeben und leicht zu messen? Die beiden genannten Kunstwelten gegeneinander auszuspielen und sich nicht zumindest versuchsweise auf das Unterfangen einer Kunst einzulassen, die nicht zum Kanon und zum klassischen Betrieb gehört, weil sie gattungsübergreifend und eingreifend auf Änderung oder Veränderung abzielt, ist schwer zu verstehen. „Maßstäbe überprüfen“, könnte die Devise lauten, um dem Dilemma des Entweder-Oder zu entkommen und den respektgebietenden Ambitionen einer künstlerischen Instanz und Institution wie dem Zentrum für Politische Schönheit Tribut zu zollen.

5

Den Schluss dieses Textes mögen zwei Zitate bilden. Sie stammen von einem deutschen Schriftsteller aus der Zeit um 1800 und von einer US-amerikanischen Autorin, die 2019 verstorben ist. Damit ist grob auch der Zeitraum benannt, in dem die Autarkie der Kunst nach und nach zur fortwährenden Geltung gelangt. Beide Autoren machen sich mit unterschiedlichen Argumenten stark für eine politische Kunst. Johann Gottfried Seume kommentiert in seinem Buch *Mein Sommer 1805*, das von seiner (Fuß-)Reise durch Polen, Litauen, Lettland, Estland, Russland, Finnland, Schweden und Dänemark berichtet, insbesondere die sozialen und kulturellen Verhältnisse in den genannten Ländern. Wegen seines Vorwortes und zahlreicher unzeitgemäßer politischer Kommentare wurde das Buch nach Erscheinen umgehend in mehreren deutschen Staaten verboten. Gleich zu Beginn legt Seume seinen Standpunkt, die Kritik vorwegnehmend, wie folgt dar: „Wenn man mir vorwirft, daß dieses Buch zu politisch ist, so ist meine Antwort, daß ich glaube, jedes gute Buch müsse näher oder entfernter politisch seyn. Ein Buch, daß dieses nicht ist, ist sehr überflüssig oder gar schlecht. Wenn man das Gegentheil sagt, so hat man seine – nicht guten Ursachen dazu. Politisch ist, was zu dem allgemeinen Wohl etwas beyträgt oder beytragen soll: *quod bonum publicum promovet*. Was dieses nicht thut, ist eben nicht politisch. Man hat dieses Wort sehr entstellt, verwirrt und herabgewürdigt, oder es auch, nicht sehr ehrlich, in einen eigenen Nebel einzuhüllen gesucht, wo es dem ehrlichen, schlichten Manne wie eine gespensterähnliche Schreckgestalt erscheinen soll. Meistentheils gelingt es leider sehr gut."[31] Statt von Buch ließe sich bei Seume auch von Kunst sprechen.

Das andere Zitat stammt von Toni Morrison, die sich ebenfalls bei Gelegenheit eines Romans mit dem Vorwurf konfrontiert sah, ihr Buch sei vielleicht doch allzu politisch geraten: „All of that art-for-art's-sake stuff is BS [Bullshit]. What are these people talking about? Are you really telling me that Shakespeare and Aeschylus weren't writing about kings? All good art is political! There is none that isn't. And the ones that try hard not to be political are political by saying, 'We love the status quo.' We've just dirtied the word 'politics,' made it sound like it's unpatriotic or something. [...]. My point is that it has to be both: beautiful and political at the same time. I'm not interested in art that is not in the world. And it's not just the narrative, it's not just the story; it's the language and the structure and what's going on behind it."[32]

Dem ist nichts hinzuzufügen.

Letzter Zugriff auf alle URL 06.05.2021. URL Zentrum für Politische Schönheit, https://politicalbeauty.com

1 Ausführliche Dokumentation dieser Aktion unter Das Holocaust Mahnmal vor Höckes Haus | Zentrum für Politische Schönheit (URL).

2 Herta Müller, „Schönheit ist politisch", in: Die Welt, 27. September 2014, https://www.welt.de/132675958; unter dem Titel „Schönheit war damals politisch", auch in: Henriette Schroeder, *Ein Hauch von Lippenstift für die Würde. Weiblichkeit in Zeiten großer Not*, München 2014, S. 284ff.

3 Dass der Verfassungsschutz kurz darauf per Gerichtsbeschluss nicht autorisiert wurde, die AfD vorerst als einen Verdachtsfall einzustufen, bedeutet nicht, dass er nach Klärung der anhängigen juristischen Fragen in näherer Zukunft seine Arbeit nicht aufnehmen könnte. Vgl. unter anderem Wolfgang Janisch, „Unglücklich. Der Beschluss des Verwaltungsgerichts ist einleuchtend. Aber er hilft der Partei", in: Süddeutsche Zeitung vom 5. März 2021, https://www.sueddeutsche.de/meinung/afd-verfassungsschutz-verdachtsfall-verwaltungsgericht-koeln-1.5226296.

4 „Die Frage, ob diese Aktion Kunst ist, ist zweitrangig. Entscheidend ist, ob sie notwendig ist, und dieser Meinung kann man durchaus sein. Björn Höcke weiß nun, dass nicht nur seine Rhetorik möglich ist, sondern auch die entsprechende Gegenrede." Martin Ganteföhr, Computerspielautor, zit. n. Das Holocaust Mahnmal vor Höckes Haus | Zentrum für Politische Schönheit (URL).

5 In diesen Zusammenhang gehört auch die aufwendig gestaltete Webpage des Zentrums, die neben Informationen auch ironisch-polemische Sprachspiele bereithält (URL).

6 So z. B. die Aktion *Sucht nach uns* (2019); siehe hier Anm. 24.

7 Aber selbstverständlich ist dies auch nicht nur erst ein Phänomen des 20. Jahrhunderts; seit der Französischen Revolution haben Kunst und Politik historisch fortlaufend ihr Verhältnis zueinander neu ausgelotet. Vgl. auch das Podiumsgespräch „Kunst und/oder Politik, oder: Wie politisch darf/muss Kunst (heute) sein?" In: Michael Diers (Hg.), *O Superman. Gedanken über Film, Kunst, Politik (und Lehre)*, Hamburg 2019, S. 127–188; ferner ders.: *Vor aller Augen. Studien zu Kunst, Bild und Politik*, Paderborn 2016.

8 Man denke an Pussy Riot, Vojna, Femen, Chto delat, Rimini Protokoll, Forensic Architecture und weltweit zahlreiche andere Gründungen von Protestgruppen.

9 In den Pressemittelungen des ZPS war immer von „libyschen Tigern" die Rede, obwohl es in Libyen keine Tiger gibt; aber das nordafrikanische Land gilt als oft lebensgefährliche Transitzone für Geflüchtete und Migrant*innen, daher vermutlich die Wortwahl.

10 Lt. Philipp Ruch, dem Gründer und „Chefunterhändler" des ZPS, schätzt man selber die Bezeichnung Künstler oder Künstlerin für die eigene Rolle nicht sonderlich; siehe dazu den angeführten Essay von Nance in Anm. 32.

11 Peter Weibel hat den „aus der Verbindung von Aktivismus und Kunst entstehenden Artivismus" zur „ersten neuen Kunstform des 21. Jahrhunderts" erklärt, in: ZKM Magazin, 05. 12. 2013, Peter Weibel – global aCtIVISm, https://zkm.de/de/magazin/2013/12/peter-weibel-global-activism.

[12] Werner Hofmann, *Kunst und Politik. Über die gesellschaftliche Konsequenz des schöpferischen Handelns*, Köln 1969 (= Spiegelschrift 1), S. 5; zuerst unter dem Titel „Für eine Kunst der politischen Konsequenz", in: Merkur, April 1968, 22. Jg., Heft 240, S. 289–304.

[13] Hofmann, *Kunst und Politik* (wie Anm. 12), S. 39.

[14] Der Untertitel von Hofmanns Buch *Kunst und Politik* (wie Anm. 12) lautet: *Über die gesellschaftliche Konsequenz des schöpferischen Handelns.*

[15] Ebenda, S. 27.

[16] Der Vf. bezieht sich hier vor allem auf sein privates, seit Jahren gepflegtes Zeitungsausschnitt-Archiv.

[17] Max Frisch hat bekanntlich von der „durchschlagenden Wirkungslosigkeit" des zum Klassiker avancierten Bertolt Brecht gesprochen.

[18] Auf der Webpage des ZPS heißt es: „Der Begriff aggressiver Humanismus drückt die Einsicht aus, dass der Kampf um Menschenrechte viel zu höflich geführt wird, jedoch ein offensives Auftreten legitimiert." Aggressiver Humanismus | Artikel (URL). Vgl. auch Philipp Ruch, *Wenn nicht wir, wer dann? Ein politisches Manifest*, München 2015; ders., *Schluss mit der Geduld. Jeder kann etwas bewirken. Eine Anleitung für kompromisslose Demokraten*, München 2019; *Haltung als Handlung. Das Zentrum für Politische Schönheit*, hg. von Miriam Rummel, Raimar Stange und Florian Waldvogel, München 2019; ferner David Kretz, „Aggressive Humanism", in: The Point Magazine, November 2, 2017, https://thepointmag.com/politics/aggressive-humanism-center-for-political-beauty/.

[19] Titel einer Publikation des Zentrums (wie Anm. 18).

[20] Vgl. Georg Franck, *Ökonomie der Aufmerksamkeit*, München 1998; vgl. Kia Vahland, „Erlösungen. Die politische Kunst erlebt eine neue Blütezeit. Kein Wunder bei der finstren Weltlage. Das aber hat Folgen für das Publikum", in: Süddeutsche Zeitung Nr. 175 vom 30./31. Juli 2015, S. 15 über den Faktor Aufmerksamkeit in Bezug auf das ZPS: „Misst man den Erfolg von Kunst an der erreichten Aufmerksamkeit, dann übertrifft das Zentrum für politische Schönheit hierzulande Gerhard Richter, Banksy und so ziemlich alle anderen lebenden Künstler mit Ausnahme von Ai Weiwei."

[21] Marcel Peithmann, „Kunst, die nicht mehr stören darf, wird irrelevant", in: Die Welt vom 4. März 2021, https://www.welt.de/debatte/kommentare/article227559105/Tatort-Kritik-Kunst-die-nicht-mehr-stoeren-darf-wird-irrelevant.html.

[22] Anna Prizkau, „Show und Schock. Das Zentrum für politische Schönheit ist das größte, am meisten gehasste und geliebte Polit-Kunst-Aktivismus-Kollektiv in Deutschland. Seine letzte Aktion war ein Skandal. Was ist eigentlich das Problem der Pseudo-Aktivismus-Künstler?" In: Frankfurter Allgemeine Sonntagszeitung, Nr. 51 vom 22. Dezember 2019, https://www.faz.net/aktuell/feuilleton/debatten/was-ist-das-problem-beim-zentrum-fuer-politische-schoenheit-16547863.html.

[23] Dass die Bilanz insgesamt keineswegs nur ablehnende Zeugnisse umfasst, ist selbstverständlich; doch hier sollen als „Reaktionen" vornehmlich die auf Distanz gehenden Positionen zu Wort kommen. Als Beispiel für eine informative und positiv würdigende Einschätzung sei hingewiesen auf Karen van den

Berg, „Kritik, Protest, Poiesis. Künstler mischen sich ein – von 1970 bis heute", in: Kursbuch 182, S. 171–184; ferner dies., „Mit Kunst Demokratie gestalten", Interview mit Karen van den Berg von Sebastian Paul, in: zu/Daily (Zeppelin Universität), 30.9.2019, http://www.zu-daily.de/daily/tiefenbohrung/2019/09-30_van-den-berg-mit-kunst-demokratie-gestalten.php; dort heißt es: „Das Zentrum für Politische Schönheit ist ein Theater- und Performancekollektiv. Die Mitglieder bezeichnen das, was sie tun, als ‚hyperreales Theater'. Sie arbeiten mit klar inszenierten Plots, die zwar darauf angelegt sind, auf spektakuläre Weise in das politische Tagesgeschehen zu intervenieren und den Blick ganz konkret auf menschenverachtende und tödliche Konsequenzen der gegenwärtigen Politik zu lenken; die Aktionen selbst bleiben aber letztlich symbolisch: Sie spielen auf höchst realistische Weise das ‚Was-wäre-wenn-Spiel'. Auch wenn es zunächst so scheint, so hat das Zentrum für Politische Schönheit Björn Höcke – um nur das jüngste, vieldiskutierte Projekt zu erwähnen – ja nicht wirklich rund um die Uhr überwacht. Sie produzieren Aufführungen, Medienkampagnen und Filmplots, sie entwickeln aber keine Projekte, die sich daran messen müssen, ob sie konkrete Lebensverhältnisse verändern. [...] Der Kampf, den das Zentrum für Politische Schönheit führt, ist ein symbolischer. Was nicht bedeutet, dass er keine realen Konsequenzen haben kann oder weniger wert ist, aber die Strategie ist eben eine andere und die Handlungsmaßgaben auch."

24 Die Aktion *Sucht nach uns* mit der Asche-Stele von Holocaust-Opfern vor dem Reichstagsgebäude hat 2019 ebenfalls zu heftigen Auseinandersetzungen (und Vorwürfen) geführt. Vgl. u.a. den in Anm. 22 zitierten FAS-Artikel. Siehe jetzt in diesem Zusammenhang auch die Anthologie *An die Nachwelt. Letzte Nachrichten & Zeitzeugnisse von NS-Opfern gegen das Vergessen*, hg. vom Zentrum für Politische Schönheit, Berlin 22020.

25 Vahland (wie Anm. 20).

26 Der „Tiger" ist ein in der zeitgenössischen Kunst nicht selten anzutreffendes Tier; vgl. z.B. das Video *Tiger oder Löwe* (2000) von Peter Friedl oder Ayşe Erkmens Installation mit zwei lebenden Tigern *Ketty und Assam* (2002), Kokerei Zollverein, Essen.

27 Vahland (wie Anm. 20); siehe dazu erweitert auch dies., „Politische Kunst als Ersatzhandlung und Dienstleistung", in: kritische berichte, Heft 4, 2015, S. 57–61.

28 Hanno Rauterberg, „In den Fallen der Freiheit. Völkerrecht auf dem Theater, Flüchtlingselend als Performance: Wie wirkungsvoll ist die politische Kunst tatsächlich?" In: Die Zeit Nr. 27 vom 2. 7. 2015; https://www.zeit.de/2015/27/politik-kunst-zentrum-fuer-politische-schoenheit.

29 Ebenda.

30 Vahland (wie Anm. 20).

31 Johann Gottfried Seume, *Mein Sommer 1805*, o.O. u. Druck (= Leipzig, Steinacker 1806), S. VIf.

32 Zit. n. Kevin Nance, „The Spirit and the Strength. A Profile of Toni Morrison", in: *Poets and Writers*, November/December 2008, https://www.pw.org/content/the_spirit_and_the_strength_a_profile_of_toni_morrison.

FOTOGRAF*INNEN

Patryk Witt
Wo sind unsere Waffen
Sucht nach uns
Soko Chemnitz
Das Holocaust-Mahnmal vor Höckes Haus
75 Jahre Weiße Rose
Flüchtlinge fressen
Erster Europäischer Mauerfall
Kindertransporthilfe des Bundes
25.000 Euro Belohnung
Schuld – Die Barbarei Europas
Die Re-Formation der Geschichte

Alexander Lehmann
Sucht nach uns
Flüchtlinge fressen
Die Jean-Monnet-Brücke
Die Toten kommen
Sarkophag Oberndorf

Ruben Neugebauer
Erster Europäischer Mauerfall
Kindertransporthilfe des Bundes

Nick Jaussi
Die Jean-Monnet-Brücke
2099
Die Toten kommen

Manuel Ruge
Die Toten kommen

David Baltzer
Sucht nach uns
Die Toten kommen

Rabea Push
Schuld – Die Barbarei Europas
Die Re-Formation der Geschichte

Simon Berger
Sucht nach uns

Karzan Chindari
Bergungsarbeiten auf Lethe

Anna-Lena Hendel
Wo sind unsere Waffen?

John Kurtz
Kindertransporthilfe des Bundes

Vanja Lisac
Die Säulen der Schande

Dieter Menne
2099

Tania Morino
Die Jean-Monnet-Brücke

Nino Pušija
Die Säulen der Schande

Mirella Sidro
Die Säulen der Schande

Marily Stroux
Die Toten kommen

Michael Trammer
CDU Bayern

Paul Wagner
Erster Europäischer Mauerfall

Lara Wilde
Bergungsarbeiten auf Lethe

AUTOR*IN

Antje Stahl
arbeitet als Autorin für das Feuilleton des Schweizer Magazins Republik und als Dozentin am Institut für Geschichte und Theorie der Architektur der ETH Zürich. Ihre Texte über Kunst, Design und Architektur wurden u. a. mit dem Michael-Althen-Preis für Kritik und dem ADKV-Art-Cologne-Preis für Kunstkritik ausgezeichnet. Sie lebt in Berlin und Zürich.

Michael Diers
Professor em. für Kunst- und Bildgeschichte an der Hochschule für bildende Künste in Hamburg und an der Humboldt-Universität zu Berlin. Mitherausgeber der Studienausgabe der Gesammelten Schriften Aby Warburgs, langjähriger Herausgeber der Taschenbuchreihe „kunststück" und der Reihe „Fundus-Bücher"; zahlreiche Aufsatz- und Buchveröffentlichungen, darunter zum Thema politische Ikonographie: Schlagbilder. Zur politischen Ikonographie der Gegenwart, Frankfurt/M. 1997; „Der Bevölkerung". Aufsätze und Dokumente zur Debatte um das Reichstagsprojekt von Hans Haacke (Hg., gemeinsam mit K. König), Köln 2000; Fotografie Film Video. Beiträge zu einer kritischen Theorie des Bildes, Hamburg 2006; „Vor aller Augen. Studien zu Kunst, Bild und Politik" (2016); eine Studie über Ikonoklasmus und zeitgenössische Kunst ist in Vorbereitung.

IMPRESSUM

Herausgeber
Philipp Ruch
Zentrum für Politische Schönheit

Kuratierung der Inhalte, Konzeption, Gestaltung und Satz
Büro Ballmann Weber
www.ballmannweber.de

Redaktion und Lektorat
Gabriela Langholf
Miriam Wiels
Karla Schmidt

Druck und Verarbeitung
Jelgavas Tipogrāfija

Schrift
GT Zirkon, Grilli Type

1. Auflage 2021

Bibliografische Information der Deutschen Nationalbibliothek: Die Deutsche Nationalbibliothek verzeichnet diese Publikation in der Deutschen Nationalbibliografie; detaillierte bibliografische Daten sind im Internet über dnb.dnb.de abrufbar.

Aus Gründen des Umweltschutzes schweißen wir unsere Bücher nicht ein.

ZENTRUM FÜR
POLITISCHE SCHÖNHEIT

CHE CASINO